삶에서
은혜 받는

십계명

삶에서 은혜 받는 십계명

초판 발행 2017년 4월 11일
초판 5쇄 2020년 7월 27일
지은이 채경락

발행처 도서출판 생명의 양식
등록번호 서울 제22-1443호(1998년 11월 3일)
주소 06593 서울시 서초구 고무래로 10-5 (반포동)
전화 02-533-2182
팩스 02-533-2185
홈페이지 www.edpck.org

북디자인 노성일 designer.noh@gmail.com

ISBN 978-89-88618-95-0 (04230)
       978-89-88618-94-3 (세트)
책값은 뒷표지에 있습니다.

이 책은 저작권법에 의해 보호를 받는 출판물입니다.
기록된 형태의 출판사의 허락이 없이는 무단 전재와 복제를 금합니다.

이 도서의 국립중앙도서관 출판예정도서목록(CIP)은
서지정보유통지원시스템 홈페이지(http://seoji.nl.go.kr)와
국가자료공동목록시스템(http://www.nl.go.kr/kolisnet)에서
이용하실 수 있습니다. (CIP 제어번호: CIP 2017008160)

삶에서 은혜 받는 십계명

채경락 지음

생명의 양식
THE BREAD OF LIFE

추천의 글

모든 그리스도인은 십계명을 잘 알고 있지만 잘 순종하지는 않고 있다. 구원은 믿음으로 얻는 것이지 율법을 행함으로 얻는 것이 아니므로 꼭 지키지 않아도 된다고 생각하고, 십계명은 구약 시대 이스라엘 백성에게 주어진 명령이므로 현대 사회와는 거리가 멀고 따라서 그대로 지킬 수 없다고 생각한다. 그러나 그 두 생각은 다 정확하지 않다. 우선 계명을 지킨 공로로 구원받는 것은 아니지만 구원받은 사람은 지켜야 한다. 성도는 거룩하게 살아야 하고 사랑을 실천해야 하는데 십계명은 구원받은 성도의 성화와 사랑 실천의 기준과 방향을 제시해 준다.

채경락 교수의 《삶은 십계명》을 읽으면 두 번째 생각이 왜 착각인가를 알 수 있다. 이 책에서는 십계명이 오늘 우리의 구체적인 삶에서 살아 숨 쉬고 있음을 느낀다. 물론 오늘날의 삶은 구약 시대에 비해서 훨씬 다양하고 복잡하다. 모세가 전혀 몰랐던 대학 입시가 매우 중요한 자리를 차지하고 인터넷과 휴대전화가 삶의 모든 구석에 영향을 끼친다. 그런데도 불구하고 이 책은 십계명이 그 복잡하고 다양한 삶의 모든 영역에서 우리가 어떻게 판단하고 행동해야 할까를 충분히 제시하고 있음을 보여준다.

이 책은 비록 건전한 신학적 바탕 위에 서 있지만 이론적인 서적이 아니다. 누구든지 읽을 수 있도록 아주 쉽고 거기다가 재미있게 씌었다. 필자 개인의 경험을 포함해서 수많은 예가 동원되어 이해를 돕는다. 부담 없이 읽어도 하나님 앞에 바로 살아보려는 그리스도인에게 매우 유익한 책이다.

손봉호 교수 (고신대 석좌교수, 서울대 명예교수)

신앙을 추상적 언어로 말하기는 쉽지만, 그 언어에 제대로 된 일상의 옷을 입히기란 어렵다. 무질서해 보이는 삶을 선명한 신앙의 논리로 꿰뚫을 수 있어야 하고, 또 그 속에서 신앙이 구체화된 장면들을 찾아야 하기 때문이다. 그래서 우리는 종종 미처 삶에 닿지 못한 신학적 언어의 공허함에 답답해하거나, 신앙의 빛을 상실한 일상의 맹목성에 당황한다.

그런 우리에게 이 책은 더운 여름의 냉수처럼 읽힌다. 저자의 사색과 묵상 속에서 십계명에 담긴 신앙의 빛이 우리의 일상을 비추며, 그 일상이 품은 초월의 속내를 선명하게 보여준다. 그리하여 십계명이 선포하는 신앙적 삶의 논리가 일상적 사색의 친숙함을 타고 우리 마음과 생각 속으로 자연스럽게 다가온다. 늘 성경의 메시지와 삶의 자리를 오고가는 설교학 전공자로서의 내공을 보여주기도 하고, 읽는 재미와 생각의 깊이가 함께 갈 수 있다는 사실을 보여주기도 한다. 가볍게 읽히지만, 그 생각은 결코 가볍지 않다. 이 책과 더불어 십계명의 일상적 의미를 다시금 묵상한다면, 큰 신앙적 유익을 얻을 수 있을 것이다.

권연경 교수 (숭실대 기독교학과)

설교자에게 피할 수 없는 본문이 십계명이다. 너무 많은 연구와 자료 더미에 지레 짓눌린다. 너무 무겁거나 너무 가볍다. 이 책은 학문적 성과를 품고 있지만 지나치게 무겁지도, 일상을 터치하지만 결코 가볍지 않다. 설교에 관한 정통한 이론가이자, 설교의 모범을 실제로 보여준 저자에게서 십계명 설교의 아이디어와 실마리를 얻을 뿐더러 실제 설교의 사례를 얻을 수 있다. 내 십계명 설교의 출발점으로 피할 수 없는 책이다.

김기현 목사 (로고스서원 대표)

이 책을 읽고 있자니 저자의 모습이 곧장 떠오른다. 가식이 없고 두루뭉술하지 않다. 정갈하고 단정하다. 예의를 갖추고 청중을 배려한다. 그래서 쓰디쓴 말도 달게 받고 싶어지고 엄중한 도전도 밀어낼 수 없게 된다. 채경락 교수님의 목소리로 듣는 십계명이 여느 책과는 달리 들리는 이유다. 이 책에서 저자는 십계명의 의미를 선명하게 드러낼 뿐 아니라 그 계명이 가리키고 있는 오늘 우리의 현장 또한 환히 보여주고 있다. 그래서 십계명이 구태의연한 묵은 사어(死語)가 아니라 오늘도 여전히 적실한 생어(生語)요 활어(活語)임을 증명해준다. 설교자에게 도움이 되는 것은 물론이고, 같이 소리 내어 읽어가는 것만으로 성도들에게 언약 백성의 도리를 가르쳐주고 하나님 나라의 질서를 일목요연하게 정리해주는 데 요긴한 자료가 될 것이다.

박대영 목사 (성서유니온 〈묵상과 설교〉 편집장)

프롤로그 11

1 너는 나 외에는 다른 신들을 네게 두지 말라 15
2 너를 위하여 새긴 우상을 … 어떤 형상도 만들지 말라 29
3 너는 네 하나님 여호와의 이름을 망령되게 부르지 말라 43
4 안식일을 기억하여 거룩하게 지키라 57
5 네 부모를 공경하라 71
6 살인하지 말라 85
7 간음하지 말라 99
8 도둑질하지 말라 111
9 네 이웃에 대하여 거짓 증거하지 말라 123
10 네 이웃의 집을 탐내지 말라 135

에필로그 147

❖
일러두기

이 책에 인용된 성경 본문은 필자가 의역한 본문 외에는
개역개정 성경전서를 사용하였습니다.
다른 번역본을 사용했을 경우 별도로 표기하였습니다.

프롤로그

프롤로그

삶에서 은혜 받는
십계명

십계명은 의도 자체가 돌판용(用)이 아니라 삶용이다. 돌판에 새겨 주셨지만, 금판에 옮겨 쓰라고 주신 계명이 아니다. 삶을 겨냥해서 주신 말씀이고, 삶에서 실천되기를 바라는 계명들이다. 중세시대 언젠가 성경을 기록하면서, 고급 가죽 종이 위에 금과 은으로 도색한 일이 있었다고 한다. 정성만큼은 갸륵하다. 귀한 말씀이니, 귀한 동물 가죽 가져다가 귀한 금물 찍어 쓰겠다는데 그 열심을 어찌 함부로 나무랄 수 있으랴. 그러나 말씀을 주신 하나님의 의도를 생각하면 그야말로 '대략난감'이다. 주의 말씀은 금판 은판이 아니라 마음판에 새겨야 하고, 명품 가죽이 아니라 삶판에 새겨야 한다. 삶에서 은혜 받는 십계명, 삶으로 실천되는 십계명이어야 한다.

그래서 십계명은, 그 풀이 또한 학문적인 해석을 넘어, 삶으로 풀어야 한다. 학위 논문이 아니라 일상의 언어로 풀어야 하고, 학자의 언어가 아니라 삶의 이야기로 풀어내야 한다. 일상의 삶과 일상의 이야기가 버무려진 현장성 있는 풀이, 이른바 삶으로 풀어내는 십계명이어야 한다. 마치 예수님의 비유 설교처럼 말이다. 네 이웃을 네 몸 같이 사랑하라는 계명을 가르치시면서, 주님은 선한 사마리아인의 이야기를 들려주셨다. 자칫 추상적일 수 있는 계명을, 주님은 지극히 구체인 이야기로, 내일이라도 당장 신문에 나올 법한 일상의 이야기로 풀어내셨다. 그래서인지 이해도 쉽고, 다가오는 도전도 강력하다.

십계명을 앞에 두고 필자는, 부족한 필력이지만, 주님의 방식을 흉내 내어 보려고 한다. 돌판에 새겨진 십계명을 삶의 현장으로 옮겨보려고 한다. 논리적이고 촘촘한 학문적 언어보다는, 조금 거칠고 모나더라도 현장의 체취가 묻어나는 삶의 언어로 풀어보고자 한다. 이 작은 책을 통해 몇몇 분이라도 십계명을 조금 더 가까이, 조금 더 체감적으로 읽을 수 있다면 필자로서는 큰 보람일 것이다.

1

너는 나 외에는 다른 신들을
네게 두지 말라

너는 나 외에는 다른 신들을
네게 두지 말라 (출 20:3)

1
너는 나 외에는 다른 신들을 네게 두지 말라

한국 최대 종교는?

우리 사회의 최대 종교는 무엇일까? 사람들에게 가장 큰 영향력을 행사하고, 가장 많은 신도수를 거느린 최대 종교는 과연 무슨 '교'일까? '대학교'라는 말이 있다. 기독교도 아니고 불교도 아니고 대학교. 단지 우스갯소리가 아닌 것이, 입시를 향한 헌신과 태도를 보면 대학교는 기실 종교화되었다고 해도 과언이 아니다. 사슴이 시냇물을 찾기에 갈급함 같이 많은 이들이 대학을 흠모한다.

대학의 위용을 등에 업은 고3은 우리 사회에서 '신성한' 존재다. 그 앞에선 함부로 떠들어서도 안 되고, 텔레비전도 켜

선 안 된다. 고된 하루를 보내고 퇴근하는 아버지조차 현관문도 살짝 소리없이 여닫아야 한다. 아파트 아래 위층 이웃도 마찬가지, "저기, 저희 집에 수험생이 있어서요. 조금만 조용해 주시면 안 될까요." 온 세상이 그 앞에 고요하더라. "나 공부해야 돼!" 이 한 마디면 모든 것에서 열외가 된다. 명절은 물론 할머니 팔순 잔치도 열외. 심지어 이거야 원, 예배조차 열외 대열에 들기도 한다. 거룩한 예배조차 열외로 밀어내는 한국 고3의 이 먹먹한 신성함이여!

"너는 나 외에는 다른 신들을 네게 두지 말라." 하나님 외에 다른 신을 나에게 둔다는 게 무슨 말일까? 꼭 불교로, 이슬람교로 개종해야만 다른 신을 두는 건 아니다. 내 삶에 하나님이 차지해야 할 자리를 다른 무언가에게 내주지 말라는 의미다. 나의 창조주, 나의 구원주로서 당연히 하나님은 우리 삶의 중심부에 좌정하셔야 한다. 그런 존귀하신 하나님을 내 삶의 변두리로 소외시키지 말라는 계명이다. 그런데 안타깝게도 우리 하나님은 너무나, 자주, 우리 삶의 중심부에서 밀려나신다.

나의 반석 – 돈은 나의 목자시니?

하나님과 경쟁할 수 있는 후보는 무엇이 있을까? 하나님과 경쟁하여, 우리 삶의 중심부에서 하나님을 밀어낼 수 있는 후보는 무엇이 있을까? 제일 후보는 역시 돈이다. 주님이 친히 경고하시기를, "한 사람이 두 주인을 섬기지 못할 것이니… 너희가 하나님과 재물을 겸하여 섬기지 못하느니라."(마 6:24) 물론 돈 자체가 악하지는 않다. 하나님이 주시는 선물 가운데 돈이 얼마나 요긴한 선물인가. 그런데 문제는, 돈을 향한 나의 마음을 다스리지 못할 때다. 내가 돈을 다스리지 못하면, 돈이 나를 다스릴 수 있다. 돈이 하나님을 밀어내고, 나의 하나님이 될 수 있다.

하나님을 나의 신으로 모신다는 말이 무엇일까? 무엇보다 반석이다. 내가 하나님을 내 삶의 반석으로 의지한다는 말이 아니겠는가. 하나님은 나의 반석! 하나님 덕분에 마음의 평안을 얻고, 하나님을 의지하여 삶의 안정감을 얻고…. 그래서 다른 일에서 좀 차질이 생겨도, 여호와는 나의 목자시니 내게 부족함이 없으리로다, 이것이 하나님을 나의 신으로 모신 자의 삶이 아니겠는가. 그런데 그 자리를 돈이 차지한다면? 돈이 나에게 마음의 평안을 주고, 돈이 나에게 듬직한 언덕이 된다면, 내 안에서 1계명이 흔들리고 있는 것이다. 돈은 나의 목자시니 내게 부족함이 없으리로다! 아니기를 바란다.

그런데 이걸 어쩌나, 돌아보니 돈이 자주 그 자리를 차지한다. 필자는 언젠가 '접히지 않는 지갑'을 경험한 적이 있다. 말 그대로 지갑이 접히지 않았다. 만 원짜리로 50장을 지갑에 넣을 일이 있었는데, 글쎄 지갑이 접히질 않는 거다. 접어도 펴지고, 접어도 펴지고. 하는 수없이 그냥 장지갑처럼 지갑을 길게 펼친 채로 안주머니에 넣고 가는데, 기분이 묘하다. 얼마나 든든하고, 얼마나 뿌듯한지. 부풀어 오른 안주머니 모양새는 좀 그래도, 얼마나 듬직하던지. 단지 아쉬움이 있다면, 이게 오만 원짜리였더라면…. 1계명은 행동 이전에 마음의 계명이다. 내 마음이 누구를 의지하는지, 내가 어디서 안정감을 얻는지를 묻는다. 그날 필자의 마음속에서 하나님은 중심부에서 한 걸음 밀려나 있었다.

반석을 뒤집으면 걱정이 된다. 걱정은 사람의 가장 근원적인 감정에 속하고, 그래서 가장 깊은 내면을 드러내는 표출구다. 조금 과장하면, 걱정은 일종의 종교적 감정이다. 그 사람이 무엇을 걱정하는지를 보면, 그 사람이 무엇을 섬기는지, 무엇을 의지하는지를 알 수 있다. 오늘 아침 눈을 떴을 때, 제일 먼저 무엇을 걱정했는지를 돌아보라. 유학시절 간당간당한 은행 잔고에 뒤척였던 밤이 꽤 많았다. 참 힘들었다. 그래놓고는 주일날 설교하기는 "아무것도 염려하지 말고 다만 모든 일에 기도와 간구로…." 설교하고 돌아와서는 또 걱정하고, 뒤척이고. 그러다 돈이 들어오는 그 날은 두 다리 쭉 뻗고 단잠에 든다. 그런데 이건 하나님이 주신 단잠일까, 돈이 준 단잠일까? 그날 밤도 하나님은 필자의 마음속에서 또 한 걸음 밀려나 있었다.

요사이 큰 걱정거리 가운데 하나가 노후다. 만나면 노후 이야기를 많이 한다. 노후를 어떻게 대비하고, 노후 걱정을 어떻게 해소할까? 가장 일반적인 대책은 연금이다. 다른 말로, 돈이다. 미래 걱정은 결국 돈 걱정이고, 걱정의 해소도 결국 돈이다. 국민연금으로 모자라면 개인연금으로 보완한다. "1355에 지금 바로 전화하세요." 믿는 분들도 예외는 아닐 텐데, 짓궂은 타이밍일지 모르나, 스스로에게 한 번 물어보자. 노후를 위해 내가 의지하는 것은 연금인가, 하나님인가? 너희가 하나님과 연금을 겸하여 의지하지 못하느니라. 물론 연금을 해약해야 참 신앙이라는 말은 아니다. 다만 나의 마음이 어디에서 평안을 얻는지를 묻고 있다.

"하나님 다음으로 믿을 게 바로 은급입니다." 목회자 은급 가입을 권할 때 들은 말인데, 생각할수록 묵직한 말이다. 한동안 은급에 가입하지 않았는데, 주변 동기 목사들이 들 때도 안 들고 있었는데, 어쩌면 이 한 마디에 가입을 결심한 것 같다. 그런데 들고 보니, 아닌 게 아니라 좀 그렇다. 쌓이는 은급이 생각보다 든든하다. 이래서 모 목사님이 그렇게 들라고 닦달을 했나 보다. 그런데 가끔 드는 생각이, 은급이 정말로 하나님 '다음'인지, 이게 묘하다. 혹 순서가 거꾸로는 아닌지. 은급이든 연금이든 이 땅을 살아가는 사람으로서 노후를 준비하는 것은 당연한 지혜다. 그러나 1계명 앞에서 한 번쯤 진중하게 물어볼 필요가 있다. 내가 정말 의지하는 것이 돈인가, 아니면 하나님인가?

신분 노출 – 신사참배와 식기도

일제강점기에 1계명을 탁월하게 지킨 선배들이 있다. 목숨을 걸고 신사참배를 거부한 신앙인들이다. 많은 분들이 옥고를 치렀고 그 중에 상당수는 목숨을 잃었다. 피 흘려 1계명을 지킨 선배들의 신앙에 경의를 표하고, 그들을 길러내신 하나님께 영광을 돌린다. 그런데 역사는 반복되고, 신사참배는 지금도 계속된다. 피비린내 나는 신사참배는 갔지만, 유사한 시험거리가 있으니, 바로 식사기도다.

수저를 들기 전 잠시 머리를 숙이고 "주님, 이 음식을 주셔서 감사합니다. 예수님의 이름으로 기도합니다. 아멘." 이 짤막한 기도를 그 험한 시절 신사참배 거부와 비교하는 것은 무리가 아닐까? 당연히 무리다. 감히 견주기도 어려운 큰 격차가 있다. 그러나 우리 시대 많은 이들에게 식기도는 그에 못지않은 상당한 결단이 필요하다. 이 말의 의미를 아는 사람은 알 것이다.

기억을 더듬어 보면, 중고등학교 시절의 식기도는 참 고역이었다. 피 흘리는 순교의 고통은 아니지만, 소위 '쪽팔림'의 고통이 있었다. (거친 표현이지만 이 말이 아니면 안 될 무언가가 분명히 있었다.) 청소년 시절의 쪽팔림은 일종의 사회적인 순교의 무게감이 있다. 나중에는 그나마 편해졌지만, 처음에는 친구들 앞에서 눈 감고 머리 숙이기가 솔직히 많이 힘들었다. 기도하고 고개를 들면 가끔씩 역(逆) 오병이어의 기적이 일어나기도 했다. 기도하는 사이, 짓궂은 친구들이 반찬을 집어가는 것이다. 그래도 큰 문제는 아닌 것이, 뚜껑 덮고 기도하면 그만이다. 그러나 믿지 않는 친구들이 바라보는 앞에서 눈을 감고 기도하는 것 자체가 참 힘들고 주저되는 일이었다.

이 연사 힘주어 말하길, 식기도가 주저될 때, 1계명이 흔들린다. 식기도의 의미가 무엇일까? 조금 거창하게 정의하고 싶다. 식기도는 신앙고백 행위다. 내가 하나님의 사람이라는 신분 노출 행위다. 믿지 않는 친구들 앞에서, 나는 하나님을 믿는 사람임을 드러내는 고백 행위다. 결코 작은 일이 아니고, 그래서 쉽지 않은 일이다. 개인적으로 교회교육의 목표를 "식사 전에 친구들 앞에서도 기도할 줄 아는 아이"로 잡고 싶은 생각이 있다. 너무 간단하고, 지엽적인가? 충분히 의미 있는 일이라고 생각한다. 하나를 보면 열을 안다고 할 때, 그 하나가 식기도일 수도 있다. 식기도는 내가 하나님의 자녀임을 만천하에 드러내는 고백 행위다. 마음을 다잡고 순교정신으로 기도하라.

식기도는 사람들 앞에서 하나님을 나의 아버지로 정중히 소개하는 행위다. 필자가 서울로 유학을 떠날 때, 어머니한테 걱정거리가 하나 생겼다. "너, 친구들한테 엄마를 식모라고 하면 안된데이." 이게 무슨 말인가, 엄마를 식모라고 하다니? 알고 보니, 드라마가 문제다. 텔레비전 드라마에 가끔 그런 장면이 나온다. 도회지로 나간 아들이 친구들한테 기죽기 싫어서, 시골서 올라온 어머니를 식모로 소개하는 장면 말이다. 혹시 내 아들이 저렇지 않을까, 어머니가 걱정이 되셨던 모양이다. 무슨 저런 말도 안 되는, 쓸데없는 걱정을…, 하다가도 아들로서 그렇게 믿음을 못 주었나 반성이 되기도 했다.

필자가 비록 대단한 효자는 아니지만, 아직 어머니를 식모로 소개한 일은 없다. 어머니를 항상 어머니로 소개했다. (그래 참 잘났다!) 그런데 하나님에 대해서도 그랬던가? 하나님도 나의 아버지로 정중하게 소개했던가? 식기도는 사람들 앞에서 나의 영원한 아버지를 소개하는 순간이다. 나는 하나님의 자녀라고, 하나님이 나의 아버지라고 곁에 있는 친구들에게 정중하게 소개하는 고백 행위다. 1계명은 가까이에 있다.

삶의 목적 - 왜 사냐건 웃지요?

"나는 민족중흥의 역사적 사명을 띠고 이 땅에 태어났다." 초등학교 시절 교실 전면에 붙어 있던 〈국민교육헌장〉의 첫 문장이다. 지금도 술술 나오는 걸 보면, 꽤나 열심히 외웠던 모양이다. 굉장한 선언이다. 인생의 목적을 묻고, 내가 이 땅을 살아가는 목적을 진술하는 헌장이다. 그때는 별 생각 없이 외웠는데, 지금 생각하니 결코 가벼운 문장이 아니다. 내가 이 땅에 태어난 것이, 민족중흥의 역사적 사명을 띠고 태어났다는 고백이 아닌가. 지금도 이걸 학생들에게 교육하는지 궁금하다.

유사한 문건이 하나 있는데, 웨스트민스터 소교리문답이다. 첫 번째 물음이, "사람의 첫째 되는 목적은 무엇입니까?" 사람이 존재하는 목적, 인생의 목적을 묻는다. 이어지는 답은 이렇게 말한다. "사람의 첫째 되는 목적은 하나님을 영화롭게 하고 그분을 영원토록 즐거워하는 것입니다." 국민교육헌장은 민족중흥을 삶의 목적으로 제시했다면, 소교리문답은 우리 삶의 목적의 중심에 하나님의 이름을 거명한다. 하 나 님. 민족중흥의 역사적 사명이 아니라, 하나님을 영화롭게 하기 위해 존재한다는 말이다. 어느 쪽이 옳을까? 아니, 당신은 어느 쪽이 옳다고 생각하며, 어느 대답을 마음판에 새길 것인가?

하나님을 나의 신으로 모신다는 게 무슨 의미일까? 그분을 내 삶의 목적으로 삼는다는 말이 아니겠는가. 민족중흥의 역사적 사명을 띠고 이 땅에 태어난 사람은, 그 가슴에 민족을 뜨겁게 품은 자다. 반면, 소교리문답 1문을 가슴에 품은 사람은, 1계명을 좇아 하나님을 나의 신으로 모신 자이다. 당신은 어느 쪽인가? 물론 둘 사이에 무 자르듯 양자택일을 할 필요는 없다. 최고의 신앙으로 지고의 민족 사랑을 보여준 이들이 많다. 예를 들어, 모세와 바울은 하나님을 향한 뜨거움으로 민족을 사랑했다(출 32:32[1], 롬 9:1-2[2]). 신앙과 민족, 이 둘은 때로 나란

---

[1] 그러나 이제 그들의 죄를 사하시옵소서 그렇지 아니하시오면 원하건대 주께서 기록하신 책에서 내 이름을 지워 버려 주옵소서

[2] 내가 그리스도 안에서 참말을 하고 거짓말을 아니하노라 나에게 큰 근심이

히 동행한다. 그러나 내 삶의 주인이라는 의미에서 내 삶의 목적과, 내가 사랑하고 아낀다는 의미에서 내 삶의 목적은 분명히 다르다. 내 삶의 주인, 그래서 내 삶의 목적은 무엇인가?

어느 날 아들이 밥 먹다가 말고 묻기를, "아버지, 아버지는 왜 살아요?" 이럴 때 우리의 아버지들은 대체로 어떻게 대답할까? "야, 이놈아, 그럼 날더러 죽으란 말이야?" 이러면 곤란하다. 아들은 그런 뜻이 아니라, 정말 궁금해서 물어보는 거다. 사춘기가 되고, 어른의 문턱에 들어서면 삶의 의미가 궁금해지지 않는가. 그래서 인생의 선배인 아버지에게 삶의 목적과 의미를 묻는 거다. 무어라 대답할까? "쓸데없는 소리 말고 밥이나 먹어." 이것도 좋지 않다. 그게 어찌 쓸데없는 소리란 말인가. 이 땅에 내가 존재하는 이유를 묻고, 인생의 목적이 무엇인지를 묻는 것이 어찌 쓸데없단 말인가. 그때 아이에게 들려줄 대답이 있는가? 꼭 아이한테 들려줄 말이 아니어도, 고요한 시간 나 자신에게 들려줄 대답이 있는가? 어느 교과서 시처럼 왜 사냐건 웃지요, 하면서 두루뭉술 피하려 들지도 말라. 대답하라. 1계명은 고요한 시간 내 삶 가장 가까이에 다가온다.

있는 것과 마음에 그치지 않는 고통이 있는 것을 내 양심이 성령 안에서 나와 더불어 증언하노니

약속 - 나도 너 외에 다른 사람을 내게 두지 아니하리라

1계명은 계명이기도 하지만, 행간을 읽으면, 우리를 향한 하나님의 약속이기도 하다. "나도 너 외에 다른 사람을 내게 두지 아니하리라"는 약속이다. 풀어쓰면, "나 하나님도 너 외에 다른 사람을 내게 두지 않을 터이니, 오직 너를 사랑할 테니, 너도 나 외에는 다른 신들을 네 곁에 두지 말라." 1계명에 담긴 우리를 향한 하나님의 따스한 약속이라고 믿는다.

1계명이 시작되기도 전, 하나님은 그 약속을 이루고 계셨다. "나는 너를 애굽 땅 종 되었던 집에서 인도하여 낸 네 하나님 여호와니라." 하나님은 계명을 주시기 전에, 먼저 당신의 헌신을 우리에게 주셨다. 노예로 허덕이던 이스라엘을 하나님은 능력과 사랑으로 구해내셨다. 이로써 하나님은 우리의 하나님이심을 만천하에 공표하셨다. 우리가 식기도로 하나님의 사람임을 드러내기 전에, 하나님이 먼저 우리의 하나님이심을 드러내신 것이다. 똑같이 마찬가지, 우리가 하나님을 목적으로 삼기 전에 하나님이 먼저, 마치 하나님의 존재 목적이 우리인 듯이, 온 마음 다해 우리를 사랑하셨다. 심지어 독생자의 목숨까지 내어주셨다. 바로 이 바탕 위에 1계명이 선포된다. "너는 나 외에 다른 신을 네 곁에 두지 말라." 이제는 우리가 삶으로 응답할 때이다.

생각할 거리들

1. 지금도 우상이 존재한다. 우리 곁에서 우리를 유혹하는 우상은 어떤 것이 있을까?

2. 우상 숭배의 유혹을 벗고, 오직 주님만을 섬길 수 있는 길은 무엇일까?

3. "나 외에는 다른 신들을 네게 두지 말라"는 계명이 독선적이라고 말하는 이도 있는데, 어떻게 대답하면 좋을까?

2

너를 위하여 새긴 우상을
… 어떤 형상도 만들지 말라

너를 위하여 새긴 우상을 만들지 말고
또 위로 하늘에 있는 것이나 아래로 땅에 있는 것이나
땅 아래 물 속에 있는 것의 어떤 형상도 만들지 말며
그것들에게 절하지 말며 그것들을 섬기지 말라

나 네 하나님 여호와는 질투하는 하나님인즉
나를 미워하는 자의 죄를 갚되
아버지로부터 아들에게로 삼사 대까지 이르게 하거니와
나를 사랑하고 내 계명을 지키는 자에게는
천 대까지 은혜를 베푸느니라 (출 20:4-6)

2
너를 위하여 새긴 우상을
… 어떤 형상도 만들지 말라

성당 뜰의 신비감

성당 마당의 마리아 상이 부러운 적이 있었다. 어둑한 저녁 산책길에 우연히 들른 성당 뜰에 촛불이 은은하다. 그 한가운데 기대고요 교정의 마리아 상. 눈이 마주치니 무언가 신비한 기운이 감도는 듯하다. 불현듯 떠오르는 생각이, 교회에도 저런 상이 하나 있으면 좋지 않을까. 현대인들이 희구하는 것 가운데 하나가 신비감인데. 부처상을 세우자는 게 아니고, 단군상도 아니고, 물론 마리아 상도 아니고, 거룩한 우리 주님의 형상을 하나 세우면 좋지 않을까.

그런데 2계명은 너무도 단호한 언어로 금하기를, "너를 위하여 새긴 우상을 만들지 말고… 어떤 형상도 만들지 말라."(출 20:4) 여기서 우상은 다른 신의 형상만을 말하는 게 아니다. 하나님의 형상도 포함한다. 하나님의 이름을 붙여 그 어떤 형상도 만들지 말라는 계명이다. 이유가 뭘까? 신앙적으로 꽤 요긴할 수 있는 주님의 형상을 만드는 일에 성경이 이토록 거부감을 나타내는 이유가 무엇일까?

신성 모독 - 하나님을 피조물 취급하지 말라

무엇보다, 하나님의 신성에 대한 모독이 되기 때문이다. 주님의 형상을 세우자면, 결국 이 땅에 존재하는 무언가를 모델로 삼을 수밖에 없다. "위로 하늘에 있는 것이나 아래로 땅에 있는 것이나 땅 아래 물속에 있는"(출 20:4) 어떤 피조물의 모습을 본떠서 만들 수밖에 없다. 이스라엘 백성이 송아지를 모델로 삼았듯이 말이다.

아론과 이스라엘 백성이 만든 금송아지의 이름을 기억하는가? 여호와 하나님이었다(출 32:4[1]). 다른 우상을 의도한 게 아니다. 홍해를 가르고 그들을 이집트에서 구원해내신 하나님

---

[1] 아론이 그들의 손에서 금 고리를 받아 부어서 조각칼로 새겨 송아지 형상을 만드니 그들이 말하되 이스라엘아 이는 너희를 애굽 땅에서 인도하여 낸 너희의 신이로다 하는지라

을 만들겠다는 나름 숭고한 뜻을 가지고, 금붙이 은붙이 모아서 나름 정성들여서 만든 게 금송아지다. 그런데 그 일에 대해 주님은 두렵도록 혹독한 진노를 발하셨다.

주님의 마음을 모세가 대변하는데, 백성을 향해 모세가 십계명 돌판을 집어던졌다. 온유하기로는 따를 자가 없다는 모세가, 그래도 분이 안 풀렸는지, 금송아지를 말 그대로 '갈아 마시게' 만들었다(출 32:19-20[2]). 왜 이토록 격한 분노를 보이는 것일까? 그들의 죄가 결코 가볍지 않기 때문이다. 신성모독이다. 피조물을 본뜬 하나님의 형상 만들기는 그분의 거룩한 신성에 대한 모독이기 때문이다. 송아지 모양이 거슬려서만은 아니다. 송아지가 아니라, 장동건 원빈의 얼굴을 새겨놓아도 마찬가지다. 그래봐야 비천한 피조물이 아닌가. 지극히 존귀하신 창조주 하나님을 한낱 피조물의 모양으로 격하시킨 일이다.

어느 해 가을 남이섬에 놀러간 일이 있다. 이건 정말 비교거리도 아니지만 이해를 위해서 억지로 소개한다. 아내와 함께 개미셔서 그림을 그렸는데 내심 볼 때마다 불만이다. 내 얼굴이 그래도 꽤 괜찮은 얼굴인데, 경상도 한 중년 여성의 말로는 대한민국에서 제일 잘 생긴 얼굴인데, 도무지 그림이 따라주질

---

[2] 진에 가까이 이르러 그 송아지와 그 춤 추는 것들을 보고 크게 노하여 손에서 그 판들을 산 아래로 던져 깨뜨리니라 모세가 그들이 만든 송아지를 가져다가 불살라 부수어 가루를 만들어 물에 뿌려 이스라엘 자손에게 마시게 하니라

못한다. 우스꽝스럽기만 하지 실물에 못 미쳐도, 한참 못 미친다. 그래도 결혼 기념이라고 아내가 좋아하니 안방에 걸어 두고는 있지만, 못내 아쉽다.

하물며 거룩한 창조주를 비천한 피조물로 표현하는 일이랴. 형상이 과연 우리 하나님을 제대로 표현할 수 있을까? 지극히 존귀하신 창조주 하나님의 현존을, 과연 예술가의 터치로 만든 형상이 제대로 표현해낼 수 있을까? 그럴 수 없느니라. 이건 솜씨의 문제 이전에, 시도 자체가 어불성설이다. 이 땅의 피조물이 아무리 아름답다 한들, 창조주 하나님의 거룩함에 어찌 견줄 수 있으랴. 이 무례함에 비하면 원숭이를 인간의 조상이라고 하는 건 애교에 불과하다.

나름 뜻은 이해한다. 주님께 가까이 나아가고픈 나름 기특한 뜻의 산물이 형상이다. 그러나 의도가 기특하다고 행실의 무례함이 용서되는 건 아니다. 주님께 나아가는 길은, 형상보다는 차라리 두려움이어야 한다. 그분을 만난 사람들의 공통적인 반응은 두려움이었다. 두려움에 압도되어 정신을 잃기까지 하였다. 그런 분을 도대체 어떤 형상에 담아낼 수 있단 말인가. 만만한 친구끼리는 형상도 만들고, 그래서 만지고, 그렇게 다가가라. 나와 비슷한 동류라면, 형상도 만들고, 그 앞에 합장도 하고, 그렇게 교제하라. 그러나 상대가 지극히 존귀하고 거룩하신 창조주라면, 나아가는 예법 자체가 달라야 한다.

그분께 나아가는 길은, 그분께 제대로 나아가는 길은, 나아감이 아니라 차라리 뒷걸음, 후진이다. 차마 나 같은 죄인이 감히 주님께 나아갈 수 없다며 두렵고 떨림으로 뒷걸음치는 것이, 차라리 그분께 나아가는 제대로 된 일보(一步)다. 차마 나 같은 비천한 피조물이 그분을 바라볼 수 없다며 두렵고 떨림으로 고개를 떨구는 것이, 그나마 그분을 제대로 바라보는 응시다(눅 18:13³). 그런 의미에서 우리가 만들 수 있는 최선의 형상이 있다면, 차마 만들지 않은 형상, 감히 만들 엄두를 내지 못한 형상이다.

주술 종교 – 하나님을 부리려 들지 말라

형상 만들기는 주술 종교로 타락하는 첫걸음이다. 세속 종교의 로망이 있으니, 알라딘의 마술램프다. 램프를 문지르면 폴폴 연기와 함께 지니라는 요정이 나와서 나의 소원을 이루어준다. 지니의 매력은 두 가지다. 첫째, 힘이 무지 세다는 것. 둘째, 그럼에도 내 통제를 따른다는 점. 정말 매력적인 '신'이 아닌가. 각설하고, 하나님의 형상을 만들려는 의도 안에 지니-형(type) 주술 종교를 향한 염원이 있다고 하면 지나친 생각일까. 생각해 보라, 주술 종교일수록 형상에 대한 애착이 강하다.

---

3   세리는 멀리 서서 감히 눈을 들어 하늘을 쳐다보지도 못하고 다만 가슴을 치며 이르되 하나님이여 불쌍히 여기소서 나는 죄인이로소이다 하였느니라

주술 종교란 신을 부리는 종교다. 쉽게 말해서 리모컨 종교다. 내가 원할 때 내 앞에 신을 호출하려는 시도가 주술이다. 그런데 형상 종교의 이면에 주술적 의도가 있다. 형상의 특징이, 언제든 내가 원할 때 만나러 갈 수 있다. 심지어 휴대도 가능하다. 무엇을 의미하는가? 신과의 만남을 내가 통제할 수 있다는 말이다. 휴대를 통해 그 신이 능력을 발휘할 자리마저 내가 지정할 수 있다는 오만한 전제가 깔려 있다. 도대체 누가 주인이고 누가 종인지 헷갈리게 만드는 구도다. 엘리 시대에 하나님의 법궤를 향한 이스라엘 백성의 태도가 꼭 그러했다(삼상 4장). 법궤를 들고 전쟁에 나아가는 모양새가, 마치 신을 부리려는 주술 종교의 무당 같았다고 하면, 너무 과한 언사일까.

믿음은 주술이 아니라, 기다림이다. 참 신앙의 중심에는 주술이 아니라, 기다림이 있다. 능동적인 주술이 아니라, 수동적인 기다림이다. 조급한 주술이 아니라, 조금은 답답한 기다림이야말로 참된 신앙의 기초다. 그래서 신앙의 주요 국면마다 기다림이 등장한다. 아브라함이 그랬고, 신약 교회의 탄생이 그러했다. 기다리고 또 기다린다. 믿음의 조상 아브라함의 믿음은 결국 기다림이 아닌가. 주님의 약속을 믿고 기다리고, 또 기다리고. 지치고 힘겨워도 기다리고, 또 기다리고. 승천하시는 주님이 제자들에게 주신 마지막 명령도 기다림이었다(행1:4[4]). 주

---

[4] 사도와 함께 모이사 그들에게 분부하여 이르시되 예루살렘을 떠나지 말고 내게서 들은 바 아버지께서 약속하신 것을 기다리라

님이 정한 장소에서 주님이 임하실 때까지 기다리고 또 기다리고. 바로 그 수동적인 기다림 속에 구약 이스라엘이 탄생하고, 거룩한 신약 교회가 탄생했다.

천박한 주술 종교는 기다림을 모른다. 내가 원하는 시간, 내가 원하는 장소에 신을 불러올리려 든다. 그때 주로 동원되는 것이 형상이다. 모세를 기다리지 못한 이스라엘 백성이, 금송아지 형상을 만든 것은 결코 우연이 아니다. 기다리지 못함이 형상을 만들었다. 형상과 주술은 원리적으로 연결되어 있다. 내가 원하는 시간에 주님을 만나지 못해 안타까운가? 안타까워 마시라, 그래야 주님이다. 내가 원하는 방식으로 응답받지 못했다고 속상해 하지도 말라. 그래야 하나님이다. 내 옹졸한 욕심을 있는 그대로 채워주고, 그것도 근시안적인 내가 원하는 시간에 착착 채워주는 신이라면, 도대체 그분이 거룩한 하나님이라고 어떻게 확신할 수 있겠는가. 나로선 의심스럽다.

요컨대 '나의' 하나님은 '내가 소유한' 하나님이 아니라, '나를 소유한' 하나님이다. '내가 부리는' 하나님이 아니라, 오히려 '나를 부리는' 하나님, 혹은 '나를 기다리게 하시는' 하나님, 두렵고 떨림으로 '내가 섬기는' 하나님이 진정 '나의' 하나님이다. 나는 그런 하나님을 섬기고 싶다. 형상에 갇히는 하나님이라면 그 하나님일 리가 없다. 2계명은 저급한 주술 종교가 아니라, 참 신앙을 우리에게 선물하는 울타리 계명이다.

예배의 수단화 - 순종이 화려한 예배보다 낫다

2계명의 주된 관심은 예배다. 1계명이 '오직' 하나님을 섬기고 예배하라는 명령이라면, 2계명은 하나님을 '제대로' 예배하라는 명령이다. "… 순종이 제사보다 낫고, 듣는 것이 숫양의 기름보다 나으니."(삼상 15:22) 우리가 형상을 가지고 하나님을 예배해서는 안 되는 이유가 무엇일까? 가장 큰 이유는, 그분이 그러지 말라고 하셨기 때문이다. 거두절미하고, 예배의 주인이신 주님이 2계명에 명령하시기를, 그러지 말라고 하셨다. 끝!

화려하다고 좋은 예배가 아니다. 정성이 듬뿍 담긴 헌물이 반드시 귀한 예배를 만드는 것도 아니다. 예배의 생명은 정성 이전에 순종이다. 우리에게 주신 말씀은 "지성이면 감천"이 아니라 "순종이 제사보다 낫고"이다. 실패한 예배자 사울의 패착이 바로 여기에 있었다. 그에겐 순종보다 '더 나은 길'이 있었다. 전리품을 남기지 말라는 주님의 명령을 어기고, 아말렉과의 전투에서 그는 양과 소를 남겨왔다. 나무라는 사무엘을 향해 당당하게 변명하기를, "이거 하나님께 제사 드릴 겁니다. 제가 먹을 게 아니고요, 하나님 대접하려고 제가 어렵게 따로 챙겨 온 거란 말입니다."(삼상 15:15[5], 필자 의역) 거참, 역겹도록 당당

---

5 사울이 이르되 그것은 무리가 아말렉 사람에게서 끌어 온 것인데 백성이 당신의 하나님 여호와께 제사하려 하여 양들과 소들 중에서 가장 좋은 것을 남김이요 그 외의 것은 우리가 진멸하였나이다 하는지라

하다. 하나님은 어떠실까? "…여호와께서는 사울을 이스라엘 왕으로 삼으신 것을 후회하셨더라."(삼상 15:35)

어디서 잘못된 걸까? "이는 거역하는 것은 점치는 죄와 같고 완고한 것은 사신(죽은) 우상에게 절하는 죄와 같음이라."(삼상 15:23) 사울의 손에서 하나님은 이방 잡귀 취급을 당하셨다. 적어도 하나님은 그렇게 느끼셨다. 이방 잡귀들의 특징이, 복채만 두둑이 주면 그저 헤헤거리며 좋아라한다. 금물 입혀서 신상이라도 하나 세워주면, 아주 흥분해서 나의 속물적인 소원도 다 들어주는 게 이방 잡귀들이다. 사울이 지금 하나님을 그렇게 대우하고 있다.

우리가 하나님께 드릴 수 있는 게 무엇일까? 이 땅 모든 재물이 그분의 것이고, 하늘과 땅의 모든 피조물이 그분의 것, 심지어 우리조차 그분의 피조물인데 도대체 우리가 그분께 무얼 드릴 수 있단 말인가? 오직 순종뿐이다. 두렵고 떨림으로 그분의 말씀에 순종함이, 우리가 드릴 수 있는 유일한 헌물이다. 그런데 감사하게도 하나님은 그 헌물을 가장 기뻐하신다. 그 어떤 화려한 헌물보다, 투박한 순종을 기뻐하신다. 그러니 신비감이 그리워도 형상은 세우지 말자. 목적헌금으로 "하나님의 형상을 세워주세요." 1억이 들어와도, 꿈도 꾸지 말자. 기껏해야 1억 짜리 신성 모독에 불과하다. 돈 버리고, 하나님도 잃고.

예배를 기획하는 일에 신중할 필요가 있다. 이렇게 예배하면 더 은혜롭지 않을까, 저렇게 예배하면 더 의미가 깊지 않을까, 시대적인 흐름에 편성하여 새로운 예배를 기획하는 일에 조심할 필요가 있다. 그저 성경이 가르치는 대로 예배하자. 순종이 화려함보다 낫고, 듣는 것이 현대적인 것보다 낫다. 소위 열린 예배에 대해서도 신중할 필요가 있다. 예배의 문턱을 낮추어 구도자들을 배려하고, 젊은이의 취향에 맞추어 다음 세대의 신앙을 도모하는 것도 참 의미 있다. 그러나 예배의 주인은 구도자도 아니고, 젊은이도 아니고, 오직 우리 하나님이시다. 예배에서 누군가를 배려해야 한다면, 사람 이전에 하나님을 배려해야 한다. 예배가 열려야 한다면, 그건 사람 이전에 하나님을 향해서 활짝 열려야 한다.

소위 은혜 받는 일에도 너무 집중하지 말자. 예배에서 하나님이 영광 받으시는 것이 중요한가, 아니면 성도들이 은혜 받는 게 중요한가? 곤란한 질문이다. 마치 엄마가 좋아, 아빠가 좋아 형의 질문이지만, 무게중심은 역시 하나님의 영광이다. 둘 중에 하나를 택해야 한다면 당연히 하나님의 영광이다. 실패한 예배자 사울의 또 다른 패착이 여기에 있다. 그는 예배를 병사들의 사기진작용으로 활용하려 했다(삼상 13장). 출정을 앞두고 사무엘이 늦게 오자, 규례를 어기고 자신이 직접 제사를 드렸다. 그의 마음속에 제사는 하나님께 드리는 예배 이전에, 병사들을 위한 행사였다. 예배가 아니라 종교행사였다. 사울의 손에서 거룩한 하나님은 '치어 리더'가 되었다.

예배의 주인은 오직 하나님이시다. 예배는 우리를 위한 종교적 카타르시스의 공급처도 아니고, 내 삶의 활력소도 아니다. 예배 안에서 내 삶의 활력이 공급되는 것은 분명하지만, 그게 목적이 되어서는 안 된다는 말이다. 예배는 우리들의 축제 이전에, 그분을 향한 엎드림이다. 그러니 예배의 요소요소에는 우리를 위한 배려 이전에, 주님을 향한 순종이 배어나야 한다. 돌고 돌아서, 그런 의미에서 교회 마당은 그냥 꽃과 나무로 채우자. 주님이 금하신 형상은 생각지도 말고, 그저 철따라 주님이 주신 꽃과 나무로 채우자.

생각할 거리들

1 신앙적으로 훌륭한 인물의 동상을 세우는 일에 대해 당신은 어떻게 생각하는가?

2 하나님을 의지하고 섬기는 신앙의 선을 넘어서, 자칫 하나님을 부리려는 주술 종교로 흐를 수 있는데, 우리가 조심해야 할 경우는 어떤 것이 있을까?

3 예배를 기획하고 준비할 때, 오직 하나님 중심으로 생각함이 마땅하지만, 더불어 참여하는 사람(예를 들어, 초신자)에 대한 배려도 필요할 것이다. 이 균형을 어떻게 맞출 수 있을까?

3

너는 네 하나님 여호와의 이름을
망령되게 부르지 말라

너는 네 하나님 여호와의 이름을 망령되게 부르지 말라
여호와는 그의 이름을 망령되게 부르는 자를
죄 없다 하지 아니하리라 (출 20:7)

3
너는 네 하나님 여호와의 이름을 망령되게 부르지 말라

이름과 존재

이름은 단지 기호가 아니다. "너 아버지 이름이 뭐니?" 예법을 아는 아이는 덜렁 아버지의 이름을 대지 않는다. "예, 인천 채가(家)에 종 사, 누 사를 쓰십니다." 이름은 그 사람의 인격과 연결되어 있어서, 이름을 함부로 부르는 것은 곧 그 사람을 함부로 대하는 것과 같다. 어린 시절 이름만은 붉은 볼펜으로 쓰지 않으려 했던 것도 다 그런 이유가 아닌가. 이름은 단지 이름이 아니라, 인격이고 존재다.

"너는 네 하나님 여호와의 이름을 망령되게 부르지 말라." 3계명은 이름 계명이다. 결코 가벼운 계명이 아니라는 말이다.

가벼운 계명이 어디 있으랴만, 하나님의 존재와 인격을 담은 묵직한 이름 계명이다. 3계명은 어떻게 실천되어야 할까?

부르라

기본부터 시작하자. 3계명은 하나님의 이름을 "부르라"는 계명이다. 부르지 말라는 금지가 아니다. 함부로 부르지 말라는 것이지, 부르지 말라는 게 아니다. 구약 백성들은 3계명을 지키기 위해 숫제 하나님의 이름을 부르지 않았다고 한다. 성경을 읽다가 "여호와"라는 단어가 나오면 다른 말로 고쳐서 읽었다고 한다. 혹시 실수로라도 가벼이 부를까봐, 그래서 혹시라도 3계명을 범하게 될까봐, 아예 부르지 않았다고 한다. 나름 뜻은 갸륵하다만, 올바른 처사가 아니다. 목욕물 버리려다 아이까지 버린 격이다.

3계명의 기본은 "부르라"는 것이다. 대감마님이 길동이를 불러서 "오늘부터 호부호형을 허하노라. 이제 나를 아비라고 부르거라." 당시 서자는 아들이 아니었다. 생물학적으로는 아들이지만, 사회 예법상 서자는 아들이 아들이 아니고, 아버지가 아버지가 아니었다. 그저 나으리고, 대감마님이었다. 그런데 오늘부터 아버지라 부르라고 한다. 어찌해야 할까? 당연히 불러야 한다. 사실은 아버지도 길동이한테 "아버지!" 소리가 너무 듣고 싶었다. 관습의 벽에 막혀 참아왔을 뿐, 아비로서 아버지 소리를 너무너무 듣고 싶었다.

3계명을 통해 하나님이 우리에게 호부를 명하시고, 또한 허락하신다. "하늘에 계신 우리 아버지여." 주기도는 주님이 "가르치신" 기도 이전에 주님이 "허락하신" 기도다. 하나님을 향하여 아버지! 호부를 허락하는 기도다. 원래 하나님은 오직 예수님만의 아버지셨다. 우리 같은 죄인의 아버지가 아니다. 그런데 십자가 보혈을 통해 우리의 아버지로 개방해주셨다. 자주 불러 드리기 바란다. "하나님 아버지!"

두려움으로 부르라

3계명을 지키는 두 번째 걸음은, 두려움이다. 망령되게 부르지 말라는 것은 그분의 이름을 함부로 가벼이 부르지 말고 그분의 인격에 합당한 마음으로 부르라는 의미인데, 제일 먼저 두려움이 떠오른다. 그분은 정말 두려운 분이 아닌가. 온 천지 만물의 창조주 하나님. 십자가 보혈로 우리를 구원하신 무한 은혜의 하나님. 장차 이 땅에 오셔서 온 세상을 다스릴 지존하신 하나님. 두려운 분이다. 그러니 당연히 두려움으로 불러야 한다.

여호와라는 이름 속에 그 두려움이 배어있다. I AM WHO I AM. "나는 스스로 있는 자이니라."(출 3:14) 참 묘한 이름이다.

나는 나다, 참 묘하지 않은가. 우리 중에는 그런 식의 이름을 가진 이는 없다. 우리는 자기 소개할 때 대체로 "아무개의 아내입니다" 혹은 "아무개의 남편입니다" 한다. 선생님 면담이 있어서 아이들 학교에 갈 때는, "아무개의 엄마입니다." 먼저 기준이 되는 아무개를 정하고, 나는 그 아무개의 누구입이다, 하는 식이다. 한국식 세 글자 이름도 같은 원리다. 첫 글자 성은 우리 가문이 시조로 삼는 분, 말하자면 나의 기준이 되는 사람이다. 그리고 남은 두 글자 가운데 하나는 항렬자로서 그분에게서 내가 몇 대손, 즉 얼마나 떨어진 후손인지를 표시하고, 나머지 한 글자가 나를 표시한다. 마치 수학 시간에 배운 좌표처럼, 시조를 원점 삼아 내가 그분에게서 수직 거리로는 이 정도 거리에 있고, 같은 거리에 있는 사람 중에 나는 이런 사람입니다, 하고 소개하는 방식이다.

그런데 우리 하나님께는 시조가 없다. 기준이 되는 그 아무개가 없다. 그래서 그분의 이름은 "나는 나다"일 수밖에 없다. 하나님은 스스로 시조시고, 스스로 기준이시다. 온 인류의 시조시고, 온 천지만물의 원점이 되시는 분이시다. 사실 우리가 시조라 부르는 그분도, 엄밀히 말하면 시조가 될 수 없다. 그에게도 필시 아버지가 있고 어머니가 있을 터이니, 사실은 누군가에게 의존적인 존재다. 오직 우리 하나님만은 홀로 지존하신 절대자이시다. "우리 주 하나님이여 영광과 존귀와 권능을 받으시는 것이 합당하오니 주께서 만물을 지으신지라 만물이 주

의 뜻대로 있었고 또 지으심을 받았나이다."(계 4:11)

지오디(GOD)라는 가수를 볼 때마다 마음이 불편하다. 왜 하필 이름을 저렇게 지었을까. 멤버 중에 믿는 분이 없나 보다. "오 마이 갓!"도 조심할 필요가 있다. 마음을 담은 말이 아니라면, 영어를 좀 하는 사람도 삼가는 게 좋지 않을까. 습관적으로 "주여, 주여" 하는 분을 안다. 의미 없는 감탄사로, 손녀 재롱을 보다가도 주여. 그 손녀도 덩달아 무슨 뜻인지도 모르고 주여. 나름 좋은 뜻으로 그러겠지만, 나로선 마음이 불편하다. 육신의 아버지 이름도 함부로 부르지 않는데, 하물며 거룩한 하나님의 이름이랴. 존귀한 분인 만큼, 그분의 이름을 부를 때는 마음매무새를 가다듬고 진중하게 불러야 할 것이다.

감사로 부르라

나름으로, 감사로 부르라. 두려움과 더불어 감사가 3계명의 길이라고 본다. 두려움으로 불러야 하는 이유가 그분이 두려운 분이기 때문이라면, 감사로 불러야 할 이유도 간단하다. 우리가 그분께 입은 은혜가 너무나 감사하기 때문이다.

출애굽기 3장에는 하나님의 이름이 하나가 아니라 둘 나온다. 14절에 일러주신 "여호와" 외에 15절에 하나가 더 나오는데, 하나님이 친히 말씀하시길 두 번째 이름을 더 아끼신다고 한다. "아브라함의 하나님, 이삭의 하나님, 야곱의 하나님"이라는 이름이다. 이름을 주시고는 뒤에 덧붙이시기를, "이는 나의 영원한 이름이요 대대로 기억할 나의 칭호니라." 여호와라는 이름을 사랑하시지만, 아브라함의 하나님이라는 이름을 더 아끼신다는 의미로 들린다.

얼마나 감사한 이름인지 모른다. 홀로 지존하신 하나님이 우리의 하나님이 되시겠다는 다짐을 담은 이름이다. 아브라함에게 하나님은 그의 하나님이 되시고, 이삭에게도 그의 하나님이 되시고, 야곱에게도 그러하신다는 의미다. 의중을 짐작컨대 야곱 다음에는 필시 나의 이름도 들어 있다. 나의 손을 잡으시고는 "나는 너의 하나님이니라."

이 이름 속에는 우리를 향한 하나님의 뜨거움이 배어 있다. 우리를 향한 구원의 약속을 담은 이름이요, 우리를 향한 희생의 결단을 담은 이름이다. 이 이름이 있기에 그분이 우리에게 오셨다. 하늘 영광 버리시고 우리에게로 내려오신 이유가 무엇이겠는가? 그분이 우리의 하나님이시기 때문이다. 이 이름이 있기에 지존하신 하나님이 우리를 위해 십자가에 달리셨고, 이 이름이 있기에 사망 권세에서 우리를 구원해 주셨다. 우리에게 행하신 구원역사와 우리에게 베푸신 그분의 은혜는, 다름 아닌 이 이름의 실천이었다.

우리를 위해 이 귀한 이름을 스스로 취하신 주님께 감사드리고, 그 이름을 친히 실천하신 주님의 은혜에 감사드려야 한다. 그래서 언제든 그분의 이름을 부를 때에는 그분을 향한 감사가 묻어나야 한다. "망령되게" 부르지 말라는 말 속에는, 아무 일도 없었던 듯이 맹숭맹숭 "배은망덕하게" 부르지 말라는 의미도 포함되어 있을 것이다.

기대를 품고 부르라

다음 걸음은 기대다. 기대를 품고 주의 이름을 부르라. "누구든지 주의 이름을 부르는 자는 구원을 얻으리라."(롬 10:13) 기대 없는 기도는 하나님에 대한 우롱이다. 기도할 때마다 주님의 이름을 부르게 되는데, 응답이 더딜 때면 우리의 기대도 쇠하게 된다. 그러나 그때도 다시 마음매무새를 가다듬고 기대를 품고 주의 이름을 부르는 것이 3계명의 실천이다.

이름을 준다는 것은 단지 호칭을 주는 게 아니다. 관계의 문을 연다는 의미고, 누군가를 향해 따뜻한 손을 내민다는 뜻이다. "내가 그의 이름을 불러 주었을 때 그는 나에게로 와서 꽃이 되었다."(김춘수의 '꽃') 유학 시절에 사귄 나무가 한 그루 있다. 칼빈신학교 도서관 잔디밭에 호젓하니 나무 한 그루가 서 있었다. 그리 특별한 나무는 아니고, 사실 수종이 뭔지도 모른다. 딸아이와 산책을 나갔다가 "아빠, 저거 무슨 나무야?" 딱히 대답할 말이 없어서 "저거? 아빠 나무야." 시골 출신이지만, 푸른 것은 풀이고 서 있는 것은 나무일 뿐, 이름은 잘 모른다. 그래서 그냥 무심코 아빠 나무라고 했는데, 참 묘하다. 그 순간 묘한 일이 일어나는데, 내가 그 나무의 이름을 불러 주었을 때 그 나무는 나에게로 와서 꽃이 되어 버렸다.

다음 날부터 그 나무는 전혀 다른 나무가 되었다. 도서관에 갈 때면 창가에 서서 꼭 그 나무를 바라보았다. 나름 인사였다. 가끔 혼잣말처럼 대화도 건네고, 눈이 많이 오는 날은 어깨가 무거울까 털어주기도 했다. 귀국해서도 그 나무의 안부가 궁금했다. 그래서 유학 가는 후배가 있으면 꼭 부탁했다. "그 나무가 잘 있는지 꼭 한 번 살펴봐주시오. 나는 잘 있다고 안부도 전해주고." 필자가 너무 감상적인지도 모르겠다. 그런데 이름이 그렇더라. 누군가에게 이름을 지어준다는 것은, 곧 내 마음을 주는 일이라는 생각이 들었다.

그런데 하나님이 우리에게 이름을 지어주셨다. 다른 것도 아니고, 이름을 지어주셨다. 하나님 스스로를 "아브라함의 하나님"이라고 칭하던 순간, 이면에 하나님은 아브라함의 이름을 지어주셨다. "하나님의 사람"이라는 이름이다. "이삭의 하나님"이라는 이름을 취하시던 순간, 하나님은 이삭의 왼편 가슴에 "너는 내 사람"이라는 이름표를 달아주셨다. 야곱도 그렇고, 그리고 그 끝자락에 나도 서 있다. 하나님이 세상 잔디밭 한가운데 외로이 서 있는 나를 보시고는, 옆에 있는 사람에게 말씀하길 "저거? 내 사람이야." 하나님이 나의 이름을 불러 주었을 때

나는 그분에게로 가서 그분의 꽃이 되었다.

 이런 분을 향하여 어찌 기대하지 않을 수 있으랴. 아버지에게 기대하지 않는 아들은 결코 효자가 아니다. 아버지! 하고 부르면서 아무런 기대가 없는 딸은 아버지를 배려하는 딸이 아니라 무례한 딸이다. 물론 우리 육신의 아버지는 쇠약하여 오히려 내가 돌보아 주어야 할 수도 있다. 그러나 하늘에 계신 우리 아버지는 졸지도 아니하시고 주무시지도 아니하신다. 늘 지근거리에서 나의 그늘이 되시기에 낮의 해가 나를 상치 못하며 밤의 달도 감히 나를 건드리지 못한다(시 121:4-6). 행함이 없는 믿음이 죽은 것이라면, 기대 없이 그분의 이름을 부르는 것은 그분을 망령되게 부르는 처사다. 바로 그런 의미에서 3계명이 엄히 명하기를, 주 너의 하나님의 이름을 망령되게 부르지 말라.

여백을 채워 부르라

마지막으로 3계명을 지키는 가장 아름다운 길을 소개하고자 한다. 여백을 채워서 부르라. 하나님의 이름에는 주님이 친히 비워두신 여백이 있다. 우리의 고백으로 채우도록 의도된 공란이다. 이 여백을 채우는 순간 나와 하나님 사이에 가장 내밀한 이름이 완성된다.

아말렉과의 전쟁에서 승리하고 모세가 그 여백을 채우기를, 여호와 닛시! 하나님은 나의 승리. 주의 은혜로 중한 병에서 치유하심을 입은 이가 그 여백을 채우기를, 여호와 라파. 치유의 하나님. 아들을 잃으면 잃으리로다. 순종하는 마음으로 믿음으로 산에 올랐다가 하나님이 예비하신 제물을 만난 아브라함이 그 여백을 채우기를, 여호와 이레. 나의 길을 미리 준비하시는 하나님. 시편 23편의 다윗은 여호와 목자. 에스겔은 여호와 삼마. 나한테도 하나 있다, 여호와 어머니.

언젠가 설교 제목으로 여호와 어머니, 이랬다가 곤욕을 치른 일이 있다. 하나님을 어떻게 어머니라 부를 수 있느냐고. 자칫 이단으로 몰릴 뻔도 했다. 물론 그런 뜻은 아니다. 여기서 어머니는 아버지의 반대말이 아니라, 다윗의 언어로는 목자이고, 여호와 라파에서 라파와 같은 기호다. 시편 131편에서 얻은 이름인데, 시인이 하나님을 만나고 보니 "젖뗀 아이가 그 어미 품에 있음" 같다고 한다. 이게 나에게 얼마나 위로가 되었는지 모른다. 돌아가신 아버지한테는 죄송하지만, 하나님이 우리 아버지 같다면 좀 불안하다. 그런데 내 엄마 같은 분이라면, 나로선 정말 두 다리 쭉 뻗고 잘 수 있다.

세상 모든 어머니가 아름답고 귀한 분이겠지만, 나에게 하나님은 정말로 좋은 엄마를 선물해 주셨다. 낳아 주신 날은 기억도 없지만, 그분의 행동 속에서 저분이 나를 낳으신 분이라는 걸 언제나 확신할 수 있다. 불 속에서 나를 구해내신 일도 있고, 교통사고를 당했을 때 모내기하다 말고 맨발로 달려온 모습도 눈에 선하다. 어려운 시절 당신은 못 먹어도 김 조각으로 나를 먹여 주시던 일도 다 기억하고 있다. 7년 투병 끝에 먼저 하늘로 간 누나에게도 엄마는 정말로 위대한 엄마였다. 누나 곁에서 엄마는 정말 주무시지도 졸지도 않았다. 마지막 임종의 순간 깜빡 잠들었다고 누나가 떠난 12월만 되면 원인 모를 몸살을 하는 나의 어머니는, 내가 아는 한 이 땅에서 하나님을 가장 많이 닮은 분이다.

그러고 보면 3계명도 참 따뜻하다. 비천한 우리에게 하나님 당신의 귀한 이름을 선물하시는 계명이다. 이름과 함께 우리에게 따뜻한 정과 뜨거운 사랑을 선물하시는 계명이다. 감사로 부르고, 두려움으로 부르자. 기대를 품고 부르고, 만남의 추억을 담아 여백을 채워서 부르자. 오늘도 그분의 이름을 부르며 살자.

생각할 거리들

1 하나님의 이름을 부르는 나의 마음과 태도는 그 이름에 걸맞게 거룩하고 진중한가?

2 나의 신앙 고백과 경험을 기초로 '여백'을 채워서 하나님의 이름을 부른다면 어떤 이름이 될까?

3 감사와 두려움, 그리고 기대 등, 하나님의 이름을 부를 때 필요한 우리의 마음 중에 우리 시대에 가장 필요한 요소는 무엇일까?

4

안식일을 기억하여 거룩하게 지키라

안식일을 기억하여 거룩하게 지키라
엿새 동안은 힘써 네 모든 일을 행할 것이나
일곱째 날은 네 하나님 여호와의 안식일인즉
너나 네 아들이나 네 딸이나 네 남종이나 네 여종이나
네 가축이나 네 문안에 머무는 객이라도 아무 일도 하지 말라

이는 엿새 동안에 나 여호와가
하늘과 땅과 바다와 그 가운데 모든 것을 만들고
일곱째 날에 쉬었음이라
그러므로 나 여호와가 안식일을 복되게 하여
그날을 거룩하게 하였느니라 (출 20:8-11)

4
안식일을 기억하여
거룩하게 지키라

10분간 휴식!

고등학교 3년년 국어 시간이었다. 수업하다 말고 선생님이 갑자기 "10분간 휴식! 자, 다들 책 덮고 창가로 모여." 대입 준비에 1분1초가 아까운 학생들이 투덜거린다. '바쁜데 수업이나 하지, 뭐야?' 투덜투덜 창가로 모이는데 선생님 말씀이 "얘들아, 단풍이 진짜 예쁘지 않냐?" 그러고 보니 교정에 단풍이 곱게 물들었다. 공부에 묻혀 사느라, 영어 단어 외우느라 단풍 드는 줄도 모르고 살았다. 말없이 창밖을 바라보는 학생들 마음이 괜히 뭉클해진다.

다시 들리는 선생님의 목소리 "이제 단풍 그만 보고 옆에 있는 친구하고 악수 한 번씩 해라. 그냥 말고 텔레비전처럼 '친구야!' 하면서." 여기저기 친구야! 소리가 무르익어 가는데 선생님의 말씀 "너희들 입시 때문에 잊고 사는 거 같은데, 너희들은 서로 친구야. 경쟁자가 아니라 친구, 알았어?" 굳이 말을 안 해도 이미 온기로 느끼고 있었다. '그래, 친구였구나!' 조금 각색을 했지만, 필자의 경험이다. 그날 단풍이 참 예뻤다.

    4계명은 볼수록 독특한 계명이다. 열심히 일하는 백성을 향해 하나님이 선포하시기를, 10분간 휴식! 쉬라는 계명이다. 이유가 뭘까? 열심히 일해야지, 왜 쉬라는 걸까? 이유인즉, 진실을 보도록 하기 위함이라고 믿는다. 그날의 단풍처럼 눈앞에 두고도 보지 못하던 무언가를 보게 하기 위해서, 그날의 친구처럼 곁에 두고도 미처 깨닫지 못하던 진실을 깨닫게 하기 위해서, 그래서 쉬라고 명하셨다고 믿는다. 그게 뭘까, 안식일 계명이 들추어내는 진실은 무엇일까?

사람이 사람 되는 날

우선 사람이 사람이라는 진실이다. 안식일은 사람을 보게 한다. 안식일은 노예도 사람이 되는 날이다. 사람 위에 사람 없고, 사람 아래 사람 없다? 이건 이상일 뿐, 당시 현실은 그렇지 않았다. 사람 아래 노예가 있었고, 노예 위에는 주인이 있었다. 노예는 사람이 아니었다. 기껏해야 말하는 경운기, 심장 달린 트랙터였다. 이스라엘 백성이 이집트에서 400년을 경험한 대로, 노예는 일하는 기계에 불과했다. 여차하면 돈 받고 팔아버릴 수도 있는 물건이었다. 그런데 이 노예들도 존귀한 사람이 되는 날이 있었으니, 바로 안식일이다. 이 날만큼은 주인이 노예에게 일을 시킬 수가 없다. 이 날만큼은 노예도 사람이 된다. 이 진실을 보라고 주신 명령이, 안식일을 기억하여 거룩하게 지키라.

일은 하나님이 우리에게 주신 소중한 선물이다. 입을 옷과 사는 집, 사랑하는 가족의 행복한 저녁밥상까지 우리 삶에 필요한 모든 것을 우리는 일을 통해 얻는다. 일은 우리에게 축복의 통로다. 그런데 이 소중한 일이 때로 불행의 씨앗이 된다. 일에 눈이 팔려서 사람을 보지 못하는 것이다. 소중한 일에 눈이 팔려서, 더 소중한 사람을 놓치고, 심지어 가끔은 자기 자신도 놓쳐버린다. 중요한 일에 눈이 멀어서, 더 중요한 사람을 놓치고, 가정을 놓치고, 심지어 자기 자신도 놓쳐버린다. 이 어리석고 기박힌 세상을 향하여 하나님이 선포하시기를, 10분간 휴식! 사람을 보라는 거다. 일보다 더 소중한 사람을 보고, 일보다 더 소중한 자기 자신을 보라는 계명이다.

언젠가부터 우리는 자꾸 사람에게 숫자 꼬리표를 붙인다. 아이들에겐 성적의 숫자를 붙이고, 어른들에게는 연봉의 숫자를 붙인다. 때로는 아파트 평수의 꼬리표를, 대학생들에겐 토익 점수, 목회자도 예외가 아니어서 교인 숫자를 꼬리표로 붙인다. 능력이라 부르기도 하고, 스펙이라 부르기도 하는 이 숫자가 그 사람의 가치가 되기도 한다. 숫자가 높은 사람은 능력 있는 사람 그래서 귀한 사람이고, 숫자가 낮으면 무능한 사람 그래서 가벼이 대해도 되는 가벼운 사람으로 간주되기도 한다.

우리 하나님이 생각하시기를, 이래서는 안 되겠다. 숫자가 낮아도 여전히 존귀한 사람인데. 돈 좀 적게 벌어도 여전히 나의 형상대로 지음 받은 존귀한 사람인데, 이래서는 안 되겠다. 그래서 온 세상을 향하여 외치기를, 10분간 휴식! 안식일을 기억하여 거룩하게 지키라. 안식일은 숫자를 떠나 있는 그대로의 사람을 보는 날이다. 그 사람의 능력, 신분, 그 사람의 재산, 외모 등 모든 꼬리표를 떼어내고 있는 그대로의 사람을 보는 날, 모두가 하나님의 형상으로 지음 받은 존귀한 사람이 되는 날, 그날이 바로 안식일이다.

4계명이 제일 먼저 실천되어야 할 공간은 역시 교회다. 교회는 안식일의 공간이 되어야 한다. 사람 위에 사람 없고, 사람 아래 사람 없는 안식일의 공간이 되어야 한다. 그런 의미에서 교회 안에서는 웬만하면 명함을 안 돌리면 좋겠다. 명함이 연락처를 주고받을 때 참 요긴하지만, 누군가에게는 부담이 될 수도 있다. 교회에선 그냥 성도면 되지, 그 이상 무슨 설명이 필요하겠는가.

필자는 군 복무 중에 결혼을 했다. 중위 달고 일주일 만에 결혼하고는, 제주도 군인 호텔로 신혼여행을 갔다. 참 행복했다. 아내와 오붓한 시간을 보내고 싶었다. 그런데 다음 날 곤란한 상황이 벌어졌다. 15인승 버스로 코스 관광을 가는데, 갑자기 어떤 분이 자기소개를 하자는 거였다. 어느 부대 소속이고, 계급이 뭔지, 그렇게 한 사람씩 돌아가며 소개를 하자는 거였다. 가족들과 함께 타고 있는 자리에서 말이다. 참 눈치 없는 분이라고 생각했다. 가족들과 여행 와서까지 계급을 밝혀야 하나? 나도 그렇지, 신혼여행 와서까지 계급을 밝혀야 하나? 적어도 그날은 그냥 새신랑, 아내의 신랑이고 싶었다.

야고보서에 당시 교회의 부끄러운 모습이 한 컷 소개되는데, 사람 위에 사람이 보인다. 교회에 더러 부자도 오고, 가난한 사람도 오는데, 금붙이 몸에 두른 부자가 오면 반갑게 맞이하고, 가난한 사람이 오면 함부로 대하는 일이 벌어진 모양이다. 야고보 선생이 엄히 꾸짖기를 "내 형제들아 영광의 주 곧 우리 주 예수 그리스도에 대한 믿음을 너희가 가졌으니 사람을 차별하여 대하지 말라."(약 2:1) 뒤집어서 읽으면, 사람을 차별하는 것은 내주 신앙을 부정하는 행위일 수 있다는 경고다.

여자 분들은 교회 올 때 이른바 명품백은 주의하면 좋겠다. 심지어 젊은 자매들은 교회 올 때는 너무 예쁘지도 않았으면 좋겠다는 생각도 든다. 그게 무엇이든 사회에서 달았던 모든 꼬리표는 다 떼어내고, 그저 사람 대 사람으로 만날 수 있기를 바란다. 그것이 바로 하나님의 10분간 휴식! 안식일의 공간이 아니겠는가. 교회에는 오직 두 종류의 사람만 있으면 좋겠다. 하나는 남자, 그리고 여자. 가난한 사람도 없고 부자도 없고, 주인과 노예는 당연히 없고. 장애인과 비장애인도 없고. 오직 남자 그리고 여자, 두 종류의 사람만 있는 교회가 참된 교회가 아니겠는가.

"형제의 모습 속에 보이는 하나님 형상 아름다워라." 개인적으로 안식일 노래라고 생각하는 찬양이다. 형제의 모습 속에 연봉이나 토익 점수가 아니라, 그저 하나님의 형상만이 보여야 교회다. 자매의 모습 속에도 마찬가지, 존귀하고 아름다운 하나님의 형상이 보여야 참된 교회가 아니겠는가. "존귀한 주의 자녀 됐으니 사랑하며 섬기리." 하나님의 안식일이 우리 교회 안에 임하기를 소망합니다. 아멘.

하나님이 하나님 되는 날

안식일에 깨닫는 또 하나의 진실은, 하나님이 하나님이라는 진실이다. 일에 눈이 멀어 사람을 보지 못한다 했는데, 일에 눈이 멀면 하나님도 못 본다. 일에 묻혀 잊어버린 나의 하나님을 다시 보는 날, 그날이 바로 안식일이다.

예수님이 경고하시길 돈이 우상이 될 수 있다고 하셨는데, 그 돈이 결국 일이다. 돈을 의지한다는 것은 결국 내가 하는 일을 의지한다는 말이다. 일이란 게 사람을 참 힘들게 한다. 월요일 일터로 향하는 발걸음이 참 무겁지 않은가. 주말은 그렇게 빨리 지나간다고 해서, 직장인들의 일주일은 워어얼, 화아, 수우우, 모오오옥, 금퇼이라고들 한다. 일이 그만큼 힘들고, 쉬는 날이 그렇게 좋다는 말일 게다. 그런데 그렇다고 사장님이 말씀하시길, "내일부터 안 나와도 돼." 이러면 좋을까? 세상에 이 말만큼 무서운 말도 없다. 차라리 일 폭탄을 맞는 한이 있어도, 일자리를 잃는 것보다는 낫다.

일이 우리에게 너무나 소중하기 때문이다. 휴일 없이는 살 수 있어도, 일 없이는 못 산다. 아무리 힘겨워도, 일이 있어야 한다. 일이 있어야 돈이 들어오고, 돈이 있어야 사랑하는 아이들 맛난 거라도 사 줄 수 있다. 일이 있어야 자존심도 서고, 집으로 가는 보무도 당당하다. 일이 그만큼 소중하다. 그런데 소중함이 과하면 자칫 우상이 될 수 있다. 일은 나의 반석이요, 일은 나의 요새시라. 일이 나의 자존감이요, 일이 나의 언덕이고, 심지어 일이 나의 우상이 될 수도 있다는 말이다. 그러다 보면 하나님도 놓치고.

이래선 안 되겠다. 우리 하나님이 생각하시기를, 이래선 안 되겠다. 일도 좋지만, 일 때문에 우리의 영원한 반석인 하나님을 잃어버리게 해서는 안 되겠다. 그래서 명령하시기를, 10분간 휴식! 안식일을 기억하여 "거룩하게" 쉬어라. 고상하다는 의미에서 거룩하게 쉬라는 의미도 있겠지만, 쉼 자체가 거룩하다. 일보다 하나님을 더 의지하기 위한 도구적 쉼이니 얼마나 거룩한 쉼인가. 안식일은 일보다 하나님을 의지하는 날이다. 안식일은, 내 삶의 반석은 내가 하는 일이 아니라, 하나님임을 고백하는 날이다. 자칫 일에 내어줄 뻔한 하나님의 자리를 다시금 하나님께 돌려드리는 날, 그날이 바로 안식일이다.

그래서 안식일은 결단의 날이다. 일을 의지하고 살지, 아니면 하나님을 의지하고 살지를 결단하는 날이다. 갈멜 산의 이스라엘 백성처럼, 둘 사이에 선택하는 날이다. 비유가 너무 비장해 보이지만, 그리 과장은 아닐 게다. 일주일에 하루 일을 쉬면, 그만큼 수입이 줄어든다. 산술적으로 1/7의 수입을 포기하는 모험인데, 어찌 비장하지 않겠는가. 일이 나의 반석인 사람은 못 쉰다. 일이 나의 요새인 사람은 절대로 못 쉰다. 어찌 반석을 버리며, 어찌 요새를 떠날 수 있겠는가. 그런데 일이 아니라 하나님이 나의 반석인 사람은 쉴 수 있다. 안식일은 내가 의지하는 반석이 누구인지가 드러나는 날이다.

십일조는 두 가지가 있다고 본다. 열심히 벌어서 감사로 바치는 십일조가 하나요, 다른 하나는 안식일 계명을 지키느라 못 번 돈이다. 하나님은 어느 헌금을 기뻐하실까? 짐작컨대 첫 번째 헌금도 귀하지만, 우리 하나님은 두 번째 헌금을 정말로 기뻐하실 것이다. 주님을 믿기에 포기한 돈, 주님을 신뢰하기에 내가 작심하고 손해 본 돈이야말로 정말로 우리 하나님을 기쁘시게 하는 헌금이라고 믿는다.

하나님이 다른 길로 그 손해를 채워주시면 감사하게 받으

라. 그런데 혹 그리 아니하실지라도 그 손해는 결코 손해가 아니다. 그 손해가 값이 되어 비교할 수 없이 큰 선물을 받게 될 것이다. 바로 나의 주 나의 하나님이다. 그날 포기한 돈으로 인해, 세상 그 무엇과도 비교할 수 없는 보배로운 선물이 우리에게 주어질 것인데, 바로 나의 주 나의 하나님이다.

언젠가 일도 지고, 돈도 지고, 심지어 내 육신도 지고…. 이 땅에서 우리가 의지했던 소중한 것들이 모두 힘을 잃을 때가 올 것이다. 그때 하나님만은 끝까지 나의 반석이 되고, 영원토록 나의 요새가 되어주실 것이다. 일주일에 하루를 쉬는 자는 복이 있나니, 하나님이 영원토록 그의 하나님이시라. 아멘.

기억으로 지키는 날

4계명에는 다른 계명에 없는 독특한 단서가 붙는데, "기억하여"다. 안식일을 "기억하여" 거룩하게 지키라. 무슨 의미일까? 안식일은 안식일에만 지키는 계명이 아니라, 기억을 통해서 다른 날에도 지켜야 할 계명이라는 뜻이다. 10분간 휴식! 그날 그 창가의 교훈은 그 순간으로 끝나서는 안 된다. 고3 시절 내내, 입시가 끝나고서도, 졸업하고서도 기억해야 할 요긴한 교훈이다. 너무 앞만 보고 달려가지 말고, 눈을 돌려 단풍도 보고, 또 눈을 돌려 친구도 볼 줄 알아야 한다. 같은 차원에서, 안식일의 교훈도 안식일 외에도 늘 기억해야 한다. 안식일에 바라본 사람의 참 모습을 다른 날에도 기억해야 한다. 안식일에 바라본 나의 반석이신 하나님을 다른 날에도 고백해야 한다. 바로 그런 의미에서 안식일은 안식일에도 지키지만, "기억하여" 매일 지키는 계명이다.

일주일 중 안식일은 첫 날일까, 끝 날일까? 유대인 개념에는 가운데 날이라고 한다. 순환되는 주기이니 이론상 어디든 배치할 수 있다. 어차피 뱅글뱅글 돌아가는 주기가 아닌가. 그런데 전통적으로 유대인은 안식일을 일주일의 맨 가운데 놓는다고 한다. 안식일을 가운데 놓고, 그 앞에 사흘을 배치하고, 그 뒤에 사흘을 배치한다고 한다. 안식일 전 사흘은 다가올 안식일을 기억하며 안식일을 지키고, 안식일 후 사흘은 지나온 안식일을 기억하며 안식일을 지키는 것이 안식일 준수의 원리라고 한다(마르바 던의 《안식》 중에서).

예배를 마치고 집으로 돌아가면서 떼어두었던 계급장을 다시 다는 것은, 제대로 된 안식일 준수가 아니다. 월요일 백화점에 가서 소위 '갑질'을 하는 성도는, 제대로 안식일을 지키는 게 아니다. 주일에만 형제의 모습 속에 하나님의 형상을 보는 것은 제대로 안식일 계명을 지키는 게 아니다. 평일에도 여전히 자매의 모습 속에 존귀한 하나님의 형상을 볼 수 있어야 하고, 그에 합당하게 형제자매를 존귀하게 대하는 것이야말로 안식일 준수의 정도이다. 주일에만 하나님을 의지하는 건 참된 신앙이 아니다. 땀 흘려 일하는 평일에도 주일의 다짐을 기억하며, 오직 하나님만을 의지하며 살아가는 것이 안식일 준수의 정도이다. 물이 바다를 덮음 같이 우리 삶의 구석구석에 안식일의 정신이 임하기를 바란다.

생각할 거리들

1 안식일은 사람이 사람 되는 날이고, 하나님이 하나님 되는 날이라는 문구에 공감이 되는가? 더 나은 안식일의 정의 혹은 표현이 있다면?

2 주일과 안식일의 연결 혹은 관계에 대해 당신은 어떻게 생각하는가?

3 주일을 거룩하게 지킨다는 주일 성수의 요소는 어떤 것이 있을까? 어떻게 하루를 보내는 것이 거룩하게 주일을 지키는 일이 될까?

5

네 부모를 공경하라

네 부모를 공경하라
그리하면 네 하나님 여호와가 네게 준 땅에서
네 생명이 길리라 (출 20:12)

5
네 부모를 공경하라

'상품'이 딸려오는 계명

"네 부모를 공경하라." 너무나 당연한 계명이다. 자식이라면 당연히 부모를 공경해야 한다. 그런데 눈에 띠는 것이, 하나님은 이 당연한 계명에 상품을 내거신다(엡 6:2-3[1]). "그리하면 네 하나님 여호와가 네게 준 땅에서 네 생명이 길리라." 땅을 걸고, 오래 사는 장수의 상품까지 내거신다. 이유가 뭘까? 일단, 그만큼 중요한 계명이기 때문이다. 중요하니, 상품도 거신 게 아니겠는가. 그런데 한 번 더 생각하니, 더 큰 이유가 있다. 하나님이

[1] 네 아버지와 어머니를 공경하라 이것은 약속이 있는 첫 계명이니 이로써 네가 잘되고 땅에서 장수하리라

자식들을 아시는 게다! 자식들의 몹쓸 소갈머리를….

자식은 도둑놈들이라고 하지 않는가. "장가간 아들은 큰 도둑, 시집간 딸은 예쁜 도둑, 며느리는 좀도둑, 손자들은 떼강도." 인터넷의 유머가 너무 과장이다 싶다가도 자식으로 살아온 지난날을 돌아보니 그리 틀린 말도 아니다. 명절날만 해도 갈 때는 기껏해야 과일 박스인데, 올 때는 쌀이며, 햇곡식에 반찬이며, 타이어가 잠기도록 싣고 또 싣는다. 그래놓고도 혹시 빠진 게 없나 다시 둘러보는 얌체 짓까지. 이놈의 자식들을 상대하려니 주님도 그냥은 안 되겠던 모양이다. 그래서 땅도 걸고, 장수의 복도 거신 게 아닐까. 5계명을 받아드는 마음이 참 송구하다. "네 부모를 공경하라." 이 계명을 어떤 의미로 받아야 할까?

인간: 은혜를 기억하고 감사하라

오래 전 유행어 한 토막이 떠오른다. "먼저 인간이 되어라." 5계명은 바로 이런 의미가 아닐까 싶다. 인간이 되어라.

학창 시절, 그림도 많고 뜻도 깊다는 선배의 조언에 집어 든 책이 있다. 제목이 〈아낌없이 주는 나무〉(쉘 실버스타인)였다. 어린 소년이 한 나무 곁에서 자랐는데, 참 행복하게 자랐다. 그런데 나이가 들자 정든 나무를 떠나게 된다. 세월이 흐르고 어느 날 소년이 나무에게로 돌아와서 하는 말이 "나무야, 나 돈이 필요한데 돈 좀 있니?" 나무는 두말 않고 몸을 부르르 떨더니, 후두둑 후두둑 애써 키운 과일을 소년에게 내어준다. 팔아서 돈 만들라고. 소년이 얼굴 가득 행복의 웃음을 짓고 떠나는데, 소년이 행복하니 나무도 덩달아 행복했다. 다시 얼마 뒤 소년이 찾아와서는 "나무야, 내가 결혼을 해서 집을 지어야 하는데 도와줄 수 있어?" 이때도 나무는 두말 않고 뚝뚝 가지를 잘라서 소년에게 준다. 가지를 받아든 소년은 참 행복하고, 소년이 행복하니 나무도 덩달아 행복했다.

얼마 후 소년이 또 찾아와서는 "나무야, 나 멀리 여행을 가고 싶은데…" 말끝을 흐리자 나무는 자기 몸뚱이를 잘라준다. 배를 만들라고. 소년은 배 만들어 여행 떠날 생각에 너무 행복했다. 소년이 행복하니 나무도 덩달아 행복했다. 그렇게 떠난 소년은 오랫동안 아주 오랫동안 나무 곁으로 오지 않았다. 아주 오래, 오래. 나무는 하염없이 기다리고 기다리는데, 어느 날 머리 희연 노인이 된 소년이 나무를 찾아왔다. 나무는 너무나 반가웠지만, 내심 마음이 무거웠다. 소년에게 말하길, "소년아, 반가워. 그런데 어쩌지, 이제 너한테 줄 게 없어." 과일도 주고, 가지도 주고, 나중엔 몸뚱이를 전부 소년에게 준 터라, 나무에겐 아무 것도 남지 않았던 것이다. 더 줄 게 없어서 난처해하는 나무를 향해 소년이 말하길, "나무야, 이제 나 그런 거 필요 없어. 너무 늙고 약해져서 여행도 못 가고, 그냥 어디 앉아서 쉴

만한 의자나 있으면 좋겠어." 그때 나무가 말하길 "그래? 그거라면 나한테 있지." 밑동만 남은 나무가 삶에 지친 소년에게 편안한 의자가 되어 주었다. 늙은 소년은 밑동 의자에 앉아 행복했고, 소년이 행복하니 나무도 덩달아 행복했다.

아름다운 동화인데, 책장을 넘기는 마음 한구석이 짠하다. 그 나무가 누구인지 알기 때문이다. 여러분도 짐작이 갈 것이다. 부모다. 옛말에, 자식은 부모 잡아먹고 산다고 했다. 옛말은 표현이 거칠면서도, 부인하기 힘든 진실이 묻어난다. 살모사라는 뱀은 나면서 어미 살을 가르고 나온다고 한다. 그래서 죽일 살(殺) 자에, 어미 모(母), 해서 살모사란다. 그런데 살모사만 그런가? 어미 몸에 피 묻히지 않고 태어난 자식 있으면 나와 보라고 해라.

의사들 말이, 태아는 일종의 암덩이라고 한다. 예쁜 아기가 암이라니. 듣기에 섬뜩하다가도, 이내 수긍이 간다. 자기 몸도 아닌 어미 몸에 떡하니 들어앉아서는, 어미가 먹는 것 중에 좋은 것만 쪽쪽 빨아먹는다. 헛구역질에 밥도 못 먹어, 열 달 동안 어미 몸을 괴롭히다가 급기야 어미 살을 가르고 나오는 모양이, 암덩이보다 하등 나을 것도 없다. 그러고도 태어나면 산모들 푸념이, 차라리 뱃속에 있을 때가 편했다고 하니 어미의 수고를 무엇에 비교하랴. 누군가를 위해 살 찢고 피 흘리는 것은 정말 큰 은혜다. 주님의 십자가 보혈이야말로 우리가 입은 최고의 은혜가 아닌가. 그런데 차원이 다르지만, 또 한 분 있다.

어머니다. 주님의 은혜를 모르는 것도 사람 도리가 아니지만, 부모의 은혜를 모르는 것도 인간된 도리가 아니다.

자식: 전화 한 통, 식사 한 끼

인간이 되었으면 이제 자식이 될 차례다. "네 부모를 공경하라." 자식의 도리를 다 하라는 명령일 터인데, 자식의 도리란 무엇일까? 그리 먼 데 있는 것 같지 않다. "내가 오늘 네게 명령한 이 명령은 네게 어려운 것도 아니요 먼 것도 아니라 … 오직 그 말씀이 네게 매우 가까워서 네 입에 있으며 네 마음에 있은즉 네가 이를 행할 수 있느니라."(신 30:11-14) 계명을 지키는 길이, 저 높이 하늘에 있거나, 저 깊이 바다에 있는 게 아니라는 말이다. 생각보다 가까이에 있고, 충분히 손 뻗으면 닿을 곳에 있다는 말이다. 모든 계명이 그렇다니, 5계명도 그럴 것이다. 뭘까?

전화 한 통에 식사 한 끼. 제대로 짚은 건지 모르나, 내 짐작으로는 이거다. 5계명을 지키기 위해 누구처럼 허벅지 살을 잘라서 국을 끓이거나, 아버지의 눈을 뜨게 하기 위해 인당수에 몸을 던질 필요는 없다. 동화 속 효녀, 효자들이 참 대단하지만, 글쎄 정말 부모님이 그런 걸 원하실까? 내 딸이 나를 위해 강물에 뛰어든다? 생각만 해도 끔찍하다.

그저 전화 한 통, 식사 한 끼. 세상에 내 전화를 제일 반갑게 받는 사람은 아내도 아니고, 딸아이도 아니고, 시골에 계신 어머니다. 그런데 필자를 비롯해서 못난 자식들이 그걸 잘 못한다. 평생을 부모님이 해주시는 밥을 먹고도, 심지어 뱃속에서부터 엄마 밥 뺏어먹고 태어났으면서도, 부모님께 식사 한 끼 대접하는 게 그렇게 어렵다. 우리 그거라도 하자. 전화 한 통, 식사 한 끼. 진심을 담으면, 그것만으로도 5계명의 의미 있는 실천이 될 것이다.

대신 늦지 않게 해야 한다. 늘 곁에 있을 것 같지만, 부모님이 늘 곁에 있는 건 아니다. 딸아이가 싫어해서 근자엔 보신탕을 멀리하지만, 나에겐 아버지의 추억이 서린 음식이다. 아버지와 함께 읍내 우시장엘 갔었다. 집에서 기르던 소를 파는 날이었는데, 시골 살림에 흔치 않게 목돈이 들어오는 날이다. 아버지는 한사코 나를 대동해 가시더니, 우시장 앞 식당에서 보신탕을 사주셨다. 그런데 한 그릇만 시키셨다. 당신은 아침을 늦게 드셔서 괜찮다고. 지금도 그렇지만, 그때도 꽤 비싼 음식이었다.

한 그릇 뚝딱 비우고는 소를 팔러 갔다. 그런데 한창 때라 그런지, 소를 팔고 나니 또 먹고 싶었다. 그래서 아버지한테 한 그릇 더 먹고 싶다고 했더니, 두말 않고 사주셨다. 동화 속 나무처럼 말이다. 그런데 이번에도 한 그릇만 시키셨다. 원래 당신은 보신탕을 안 좋아하신다고. 원래 안 좋아하신다고. "어머님은 짜장면이 싫다고 하셨어."라는 노래가 있는데, 들을 때마다 보신탕이 생각난다. "아버지는 보신탕이 싫다고 하셨어." 자식 놈들이 이런 말에는 잘도 속아 넘어간다. 살아만 계시면 꼭 사드리고 싶은데. 이럴 거면 요양병원에 계실 때 국물이라도 사드릴 걸 그랬다.

부모: 자식들에게 부모 공경을 가르치라

"부모들아, 자녀들에게 부모 공경을 가르치라." 5계명에는 필시 이런 의미도 포함되어 있다. 5계명을 처음 받는 사람은 자식 이전에 부모다. 계명의 문구는 자식을 향하지만, 전달 면에서는 어린 자식보다 부모 손에 먼저 당도한다. 무슨 의미일까? 자식에게 가르치라는 말이다. 영어, 수학만 가르칠 게 아니고, 부모를 공경하는 마음도 가르치라는 계명이다. 5계명에 내건 상품은 어쩌면 자식이 아니라 부모를 향해 내건 선물인지도 모른다. 자식 잘 되는 걸 당사자보다 더 좋아하는 게 부모 아닌가. 내 자식 오래 살라고 산삼 녹용 끓여먹이시는 부모님께 고합니다. 성경 말씀에, 부모 공경 잘 가르치는 것이 웬만한 보약보다 낫습니다.

어떻게 가르칠까? 대놓고 가르치는 것도 한 방법이다. "너, 성경 봤지? 나를 공경해야 돼, 알았어!" 둘러서 말하면 못 알아들을 수도 있고, 부드럽게 말하면 중요하지 않게 생각할 수도 있으니, 단도직입으로 정공법으로 가르칠 필요도 있다. "아이를 훈계하지 아니하려고 하지 말라. 채찍으로 그를 때릴지라도 그가 죽지 아니하리라."(잠 23:13) 성경에 이런 '살벌한' 말씀도 있다. 채찍을 들어서라도 가르치란다. 그렇게 가르쳐야 할 항목 가운데 필시 부모 공경도 들어 있을 것이다.

그런데 알다시피, 더 좋은 길이 있다. 부모가 먼저 모범을 보이는 것이다. 부모가 먼저 부모의 부모님을 공경하면, 자녀들도 보고 따라할 것이다. TV프로그램 중에 "우리 아이가 달라졌어요!"라는 게 있었다. 개인적으로 마술 같다고 생각한 프로다. 부모의 근심이 되는 아이들이 더러 있다. 불안하거나 폭력적이거나. 그런 아이들을 찾아가서 전문가들이 도움을 주는 프로인데, 역시 전문가는 전문가다. 이렇게 저렇게 조치하면 놀랍게도 아이가 싹 달라진다. 마술이 따로 없다. 그런데 몇 번 보면서 드는 생각이, 프로그램 제목을 바꾸는 게 나을 듯하다. "우리 부모님이 달라졌어요!"라고.

전문가들의 치료는 한결같이 부모를 상대한다. 아이를 상대하기도 하지만, 훨씬 무게감 있게 부모를 상대한다. 부모가 달라지면 아이도 달라진다. 언젠가 말을 안 하는 아이가 나왔다. 아무리 웃겨도 웃지를 않고, 말을 걸어도 반응이 없다. 그래서 방송국이 도움을 요청한 모양인데, 역시나 전문가는 부모에게 주목한다. CCTV를 설치해 관찰해보니, 엄마와 아빠가 서로

대화가 없다. 갈등이 있는지 냉전 중인지 서로 간에 말이 없다. 전문가의 꾸지람 섞인 조언을 받고는 엄마 아빠가 대화를 시작하니, 며칠 사이 아이의 말문도 트였다.

자녀는 부모의 거울이라고 했던가. 부모가 되고 보니, 세상에 이 말만큼 부담스러운 말도 없다. 100% 정확하다고 말하기는 어렵다. 부모의 귀한 삶을 도무지 닮지 않는 예외적인 자녀들도 분명히 있으니 말이다. 그러나 그럼에도 불구하고, 자녀들이 부모를 닮고, 부모를 보고 배우는 건 틀림없는 사실이다. 부모가 자녀들을 가르치는 최선의 교육은 먼저 모범을 보이는 것이라는 데는 변함이 없다. 그런 의미에서 5계명의 의미 있는 독법 가운데 빠질 수 없는 것이, 이렇게 읽는 것이다. "내가 먼저 부모님을 공경하여 자식들에게 부모 공경을 가르치라."

존중: 건강한 거리감

5계명의 지류로 함께 묵상할 구절이 있다. "이러므로 남자가 부모를 떠나 그의 아내와 합하여 둘이 한 몸을 이룰지로다."(창 2:24) 이 문구에서 서운함을 느끼는 부모도 있지만, 이 또한 주님이 주신 말씀이다. 5계명과 더불어 부모도 마음에 새겨야 하고, 자식들도 마음에 새겨야 할 거룩한 하나님의 말씀이다. 이 말씀은 무슨 의미일까? 결혼하면 부모님 집에는 얼씬도 하지 말라는 뜻은 결코 아니다. 다만 부모와 자식 사이에 '건강한 거리감'이 필요하다는 뜻으로 받을 수 있겠다.

건강한 거리감? 부모를 떠날 줄 모르는 자식들이 있다. 일생을 엄마 치마폭에 사는 마마보이, 혹은 캥거루족들이다. 성인이 되어서도 사회적으로, 심리적으로 여전히 엄마 뱃속에 있는 자녀들이다. 거꾸로 부모가 문제인 경우도 있다. 자식을 놓아줄 줄 모르는 부모도 있다. 늘 자식 곁을 빙빙 돈다 해서 헬리콥터 맘이라 부르는 엄마들이다. 사실은 둘이 동전의 양면처럼 한 쌍으로 빚어지는 왜곡된 부모 자식 관계다. 무턱대고 나무랄 수도 없는 것이, 자식을 향한 애틋한 사랑에서 비롯된 행동임을 알기 때문이다. 그러나 기억할 것은, 결국에는 서로를 불행하게 만드는 왜곡된 사랑이다.

이러한 왜곡에서 우리를 보호하기 위해 주신 울타리 말씀이 "이러므로 남자가 부모를 떠나"이다. 건강한 삶을 위해 자식은 언젠가 부모로부터 떠나야 한다. 부모 역시 언젠가 자식을 떠나보내야 한다. 어쩌면 그것이 부모가 실천해야 할 마지막 자식 사랑인지도 모른다. 자식에게 주어야 할 사랑은 단지 품는 사랑만은 아닐 수 있다. 때가 되어 놓아주는 것도 귀한 사랑일 것이다.

모든 계명이 그러하듯 5계명에도 우리를 향한 하나님의 사랑이 묻어난다. 하나님은 우리 모두의 아버지시다. 부모된 자도 하나님의 자녀요, 자녀된 자도 하나님이 사랑하시는 자녀다. 우리가 자녀들의 행복을 바라듯, 하나님도 누구보다 간절히 우리의 행복을 바라신다. 건강하고 품위 있는 삶을 살기를 바라신다. 그래서 주신 계명이, "네 부모를 공경하라." 일단 전화 한 통 드리는 걸로 시작하자.

생각할 거리들

1 자식, 혹은 부모라는 단어를 생각할 때 머릿속에 제일 먼저 떠오르는 이미지, 사건 혹은 생각은 무엇인가?

2 부모님께 꼭 해드리고 싶은 것은 무엇인가. 그리고 꼭 해드리고 싶었는데 살아 생전 못해 드려서 후회로 남는 것은 무엇인가?

3 하나님 선생님, 하나님 임금님, 이 이름보다 하나님 아버지라는 이름을 우리에게 주신 하나님의 뜻은 무엇일까?

6

살인하지 말라

살인하지 말라 (출 20:13)

6
살인하지 말라

우리 가운데 살인범이 있습니다!

한 미국 목사님이 설교단에 오르는데, 평소와 달리 표정이 비장하다. 원래 성격이 굉장히 밝은 분인데, 오늘은 유난히 얼굴빛이 어눕다. 설교를 시작하면서 떨리는 첫 마디가 "우리 가운데 살인범이 있습니다. 사람을 죽인 살인범이 지금 이 자리에 있습니다." 성도들이 놀란 눈으로 쳐다보는데, "목사로서 너무 가슴이 아픕니다. 그 사람은 교회로 오는 길에 살인을 저질렀어요. 그러고도 아무 일 없었던 듯이 이 자리에 앉아 있습니다." '도대체 누구야?' 두려운 긴장감이 예배당 공기마저 얼어붙게 하는 듯하다. 이때 목사님이 성경을 펼쳐서 읽기를, "형제를 미워하는 자마다 살인하는 자니."(요일 3:15) 한바탕 웃음이 터져 나온다.

성경이 지목하는 살인은 꼭 붉은 핏빛만은 아니다. 꼭 피가 낭자하게 흘러야만 살인이 아니다. 형제를 향한 미움이 살인이요, 자매를 향한 시기도 성경에 의하면, 살인이다. 십계명이 하나님의 말씀이듯 요한일서도 동일한 하나님의 말씀이다. 십계명을 받아드는 동일한 무게로 우리는 요한일서 말씀도 진중하게 받아야 한다. "우리 가운데 살인범이 있습니다." 성도들의 웃음은 이내 잦아들었고, 일부 '살인자들' 사이에서는 흐느낌마저 들려왔다. 성경은 남의 이야기를 하는 법이 없다. 늘 그렇듯이 오늘도 나에게 주시는 말씀이다. "살인하지 말라." 6계명이 우리에게 던지는 메시지는 무엇일까?

사람/생명의 존귀함

무엇보다 생명의 소중함이다. 혹은 생명의 존귀함. 죽이지 말라는 이유가 뭘까? 죽여서는 안 되는 소중한 생명이기 때문이다. 특히 사람의 생명이 그러하다. 소중하다는 말보다 두렵다는 말이 어울릴 것 같다. 두렵도록 소중한 것이 생명이 아니겠는가.

필자가 대학 전공에 흥미를 잃은 데는 목회의 소명도 있지만, 알게 모르게 그날의 일도 한몫했다. 처음으로 생쥐 실험을 하던 날이었는데, 해부를 하기 위해 먼저 죽여야 했다. 조교 선배가 시범을 보였다. 하얀 생쥐를 테이블에 엎어놓고는 왼손 엄지와 검지로 뒷목덜미를 잡고, 오른손으로는 꼬리를 잡았다. 그러고는 탁! 하고 꼬리를 당기니, 생쥐가 죽었다. 척추 사이로 흐르는 신경이 끊어지면서 죽게 된다고 한다. 조교 선배는 능숙하게 해냈다. 이제 우리가 할 차례였다. 여학생과 한 조를 이룬 터라, 남자인 내가 먼저 나섰다. 조교가 시범을 보인 대로 자세를 취하고는 이제 막 꼬리를 잡아당기려고 하는데, 왼손으로 전해오는 목덜미의 그 따스함. 그 따뜻함. 생명의 온기를 느끼고 말았다. 당길 수가 없었다. 게다가 파르르 떨림이 전해오는데, 차마 당길 수가 없었다.

필자가 남달리 영혼이 순박한 사람은 아니다. 어린 시절 등굣길에 내 손에 비명횡사한 개구리들을 모아놓으면 한 무더기는 될 것이다. 그런데 그날은 좀 그랬다. 생명을 만지 낚이었나고 생각한다. 과학 용어로서 생명 현상이 아니라, 실존 언어로서 생명을 만진 날이었다. 교과서에서 배운 생명 현상은 복잡하고 오묘했지만, 손끝으로 직접 만진 생명은 따스하고 심지어 두려웠다. 내가 함부로 어찌 해서는 안 되는 두려운 무언가라는 생각이 엄습했다. 4년 동안 배운 생물학 지식보다 어쩌면 그 한 순간, 생명에 대해 더 많이 배웠는지도 모른다.

생쥐의 생명도 이러할진대 하물며 사람의 생명이랴. 어

두운 생각으로 산부인과를 찾는 이들이 더러 있다. 그런데 초음파를 통해 심장 박동을 듣게 되면 마음을 고쳐먹고 발길을 돌린다고들 한다. 생명을 느꼈기 때문이다. 심장 박동으로 전해오는 생명을 만졌기 때문이다. 두려웠을 것이다. 그게 생명이다.

"사람이 먼저다." 언젠가 한 정치인의 구호로 나온 말인데, 정치적인 입장을 떠나서 참 아름다운 문구다. 그래, 사람이 먼저다. 돈보다 사람이 먼저고, 내 자존심보다 사람이 먼저다. 짜증이나 분노보다, 욱하는 마음보다 사람이 먼저다. 그 어떤 정치적인 대의보다 사람 생명이 먼저다. 그런데 근자에 우리 사회는 사람보다 먼저인 게 너무 많다. 층간소음이 일으킨 짜증이 생명보다 먼저이고, 좌우로 갈라진 이념이 사람보다 먼저일 때가 있다. 무엇보다 돈이 사람보다 자주 먼저다. 돈 때문에 희생되는 사람이 너무 많다.

누가 그러는데, 요즘 돈에 구멍이 없어서 그렇단다. 상평통보, 조선통보, 옛날 엽전들을 보면 가운데 네모난 구멍이 있었다. 그래서 아무리 돈이 눈을 가려도 구멍 사이로 건너편 사람이 보이는데, 요즘 돈은 구멍이 없다. 그래서 돈에 눈이 멀면 눈에 뵈는 게 없단다. 한국은행에 건의해서 새로 찍는 지폐 가운데다 큼지막한 구멍을 뚫어보는 건 어떨까. 말도 안 되는 소리 같지만, 천하보다 귀한 생명을 살리는 일인데, 일말의 가능성이라도 있다면 한 번 시도해 보는 것도 괜찮을 것 같다는, 말도 안 되는 생각. 왜냐, 사람은 존귀하니까. 그래서 주신 명령이, 살인하지 말라.

사람/생명의 연약함

6계명 앞에서 바라본 사람은, 존귀함과 더불어 연약한 존재다. 죽이지 말라고 명하시는 이유는, 죽을 수 있기 때문이다. 사람은 결코 무쇠강철이 아니다. 강해 보여도 실상 약한 것이 사람이고, 약한 것이 생명이다. 핏줄 하나만 상해도 죽을 수 있고, 몸에 못 하나만 박혀도 죽을 수 있는 게 사람이다. 심지어 그 못이 쇠로 만든 못이 아니라 말(言) 못이어도 그렇다.

예수님도 산상수훈에서 여기에 주목하셨다. "옛 사람에게 말한 바 … 누구든지 살인하면 심판을 받게 되리라 하였다는 것을 너희가 들었으나."(마 5:21) 6계명을 언급하신 후 풀이하시기를, "나는 너희에게 이르노니 형제에게 노하는 자마다 심판을 받게 되고."(22a) 화를 내는 것을 살인의 범주에 포함시키신다. 심지어 욕설도, "형제를 대하여 라가(히브리어 욕설)라 하는 자는 공회에 잡히게 되고 미련한 놈이라 하는 자는 지옥 불에 들어가게 되리라."(22)

예수님이 6계명을 너무 과하게 풀이하신 걸까? 화를 내도 살인이고, 욕을 해도 살인이라니, 너무 예민하신 게 아닐까? 그렇지 않다. 알다시피 말 한 마디가 사람을 죽이기도 한다. 한 여배우가 떠오른다. 곱상한 외모에 국민배우라는 이름이 어울릴 정도로 오래도록 많은 사랑을 받던 배우다. 유명 야구선수와의 결혼생활이 불행했지만, 어려움을 극복하고 다시 드라마로 재기하는 듯했다. 그런데 어느 날 싸늘한 시신으로 발견되었다. 칼자국은 없었지만, 칼보다 예리한 말 자국이 낭자한 육신이었다. 익명의 누리꾼들이 어쩌면 생각 없이 올린 댓글에 한 생명이 시들고 말았다. 말이 정말 사람을 죽인다.

촌철살인(寸鐵殺人). 짤막한 말로 깊은 감동이나 반전을 주는 경우를 일컬어 촌철살인이라고 칭하는데, 문자적인 의미를 살피면 가슴이 뜨끔하다. 작은 쇳조각으로도 사람을 죽일 수 있다는 말인데, 그 쇳조각이 결국 세치 혀다. 세치 혀가 사람을 죽일 수 있다. 우리에겐 아득한 고사가 아니라 눈앞의 현실이다. 정말 말조심해야겠다. 부엌칼도 조심하고, 운전도 조심해야 하지만, 말도 정말로 조심해야 한다. 혀끝으로 하는 말도 조심해야 하고, 손가락으로 두드리는 자판의 말도 정말 정말 조심해야 한다. 생명을 해칠 수도 있기 때문이다.

보기보다 생명은 약하다. 여자만 약한 게 아니라, 사실은 남자도 약하다. 내가 남자라서 누구보다 잘 안다. 눈총에만 맞아도 아픈 게 남자다. 눈총이라는 말을 누가 만들었는지 궁금하다. 눈에서 무슨 사람 잡는 총알이라도 나올 수 있다는 의미인데, 과연 그럴까? 필자의 경험으로는 그럴 것도 같다.

십여 년 전 프로야구 롯데와 삼성의 플레이오프 경기 때였다. 당시 신학대학원생이었던 필자는 선후배 동역자(홈런이 터지기 전까진 그런 줄 알았다)들과 함께 도서관 로비에서 열심히 경기를 지켜보고 있었다. 고향이 경북이라 삼성을 응원하고 있는데, 마침 이승엽 선수가 홈런을 날렸다. 너무나 기쁜 나머지 두 손을 위로 들며, 홈런! 하고 일어섰다. 그런데 7, 80명 모인 로비에 필자를 포함해서 단 세 명만 일어섰고, 나머지 수십 명의 롯데 응원단들(고신의 중심이 부산이라는 걸 온몸으로 느끼는 날이었다)은 싸늘한 눈빛으로 우리 셋을 바라보았다. 정말 일제히 우리를 바라보았다.

　그렇게 강렬한 눈빛은 처음이었다. 이후 그 어디에서도 만나보지 못했다. 오싹한 것이, 왜 눈총이라고 하는지 실감하는 순간이었다. 총 맞은 것처럼! 우리 셋은 조심조심 자리에 앉을 수밖에 없었다. 조용히 텔레비전을 응시하는데, 바로 다음 회에 거짓말 같이 롯데의 외국인 선수 호세가 역전 홈런을 날렸다. 홈런! 홈런! 도서관이 떠나가라 거대한 함성이 터져 나왔고, 다시 한 번 그 강렬한 눈빛이 발사되었다. 눈총난사에 장렬하게 전사한 우리 셋은 조용히 기숙사로 발길을 돌렸다.

　물론 필자에게 그날의 기억은 그저 재미있는 추억이다. 눈빛이 강하긴 했지만, 상처가 되지는 않았다. 동역자들의 눈빛 아닌가. 그런데 정말 사람 잡는 눈빛이 있다. 학교에서 소위 왕따를 당하는 아이에게 쏟아지는 그 눈빛. 얼마나 아팠을까. 관계가 깨어진 부부 사이에 서로를 바라보는 차가운 눈빛. 갑이 을을 내려다보는 그 멸시의 눈빛. 심지어 교회 안에서도 서로를 향한 원망과 미움의 눈빛. 그 눈빛에도 생명이 시들 수 있다. "형제를 미워하는 자마다 살인한 자라." 생각보다 사람이 연약하기 때문이다. 질긴 잡초처럼 보여도 실상 약하디약한 꽃잎과도 같다. 혹 제 말과 눈빛 때문에 상처를 입은 분이 있다면, 죄송하다는 말씀 드리고 싶다.

사람/생명의 주인

더불어 6계명은 생명의 주인(lordship) 선언이다. 내가 생명의 주인이니라! 하나님이 "살인하지 말라"고 명령하시는 이유는, 혹은 그렇게 명령하실 수 있는 이유는, 그분께 그럴 권리와 자격이 있기 때문이다. 하나님은 창조주시다. 모든 생명의 창조주로서 모든 생명의 주인이시며, 특히 모든 사람 생명의 주인이시다.

창세기 9:6은 말하기를, "사람은 하나님의 형상대로 지음을 받았으니, 누구든지 사람을 죽인 자는 죽임을 당할 것이다."(새번역) 무슨 의미일까? 칼빈은 이 대목을 풀이하기를, "하나님은 인간이 당신의 형상을 지니고 있으므로 인간이 죽으면 당신 자신이 훼손당하는 것으로 여기신다."(유해무,《개혁교의학》,

258.) 사람을 해치는 것은 단지 사람만 해치는 게 아니라는 말이다. 그 사람 생명의 주인이신 하나님을 해치는 일이다. 그런 차원에서, 살인하지 말라는 6계명은, 하나님을 해치지 말라는 두려움으로 받아야 한다.

'나의' 생명도 예외가 아니다. "살인하지 말라"의 인(人) 자는 다른 사람을 가리키기도 하지만, 나도 포함된다. 내 생명이라 해서 나의 소유는 아니다. 나의 돈, 나의 자전거에서 '나의'는 내가 주인이라는 소유권을 가리키지만, 나의 생명에서 '나의'는 주인이 아니라 청지기를 가리킨다. '하나님이 나에게 담아두신' 혹은 '나에게 맡겨두신' 생명이라는 의미에서 '나의' 생명일 뿐, '내 맘대로 할 수 있다'는 의미의 '나의'는 아니다.

필자는 안락사와 자살 등에 대해 학문적으로 논의할 역량이 없다. 설령 역량이 된다고 해도 말하기가 참 주저가 되는 것이, 당사자가 아닌 이상 함부로 말할 수 없는 아픔과 고뇌가 있기 때문이다. 그 아픔과 고뇌는 논의의 대상 이전에 공감과 이해의 대상이다. 그러나 그럼에도 불구하고 모두가 함께 받아야 할 말씀이 있으니, 나의 생명이라고 내 맘대로 할 수 있는 것은 아니다. 나에게 있지만, 나의 소유가 아니기 때문이다. 내 생명의 진짜 주인은 하나님이시고, 그분이 명령하시기를 "살인하지 말라."

자식도 마찬가지, 내가 낳았다고 해서 나의 소유는 아니다. 유교적인 특성인지, 우리 민족은 자식에 대한 모종의 소유의식을 갖고 있다. 내 자식이니 내 맘대로 하겠다는 생각. 자식에 대한 남다른 애착과 사랑에서 나온 것이기도 하지만, 때로 자식을 독립적인 인격체로 존중하지 못하는 지경에까지 나아가기도 한다. 무한헌신을 낳기도 하지만, 때로 비극적인 일을 낳기도 한다. 나의 생명이 나의 소유가 아니듯이, 내 자식이라고 나의 소유는 아니다. 자식은 내 마음대로 할 수 있는 대상이 아니라, 하나님이 잠시 맡기신 선물로 마땅히 존중해 주어야 할 인격이다.

사람을 사랑하라

돌고 돌아서 6계명의 실천은 결국 사랑이다. 단지 죽이지 않는 것만으로 6계명이 실천되는 것은 아니다. "형제를 미워하는 자마다 살인한 자"라는 주님의 경고는, 결국 형제를 사랑하라는 말씀이 아니겠는가. 어쩌면 주님은 사랑의 결핍을 살인으로 규정하시는지도 모른다. 사랑과 살인, 그 사이에 중립지대를 불허하시는지도 모른다. 그러니 사람을 사-린(살인)하지 말고 사-랑하라. 언어유희가 필요한 상황은 아니지만, 묘하게 단어가 닮았다. 6계명의 실천은 단지 사람을 안 죽이는 게 아니라, 마음으로 사랑하는 것이다.

생각할 거리들

1. "우리 가운데 살인범이 있습니다!" 미국 목사님의 설교를 읽은 느낌을 말해보라.

2. 눈빛 하나로, 혹은 말 한마디로도 사람에게 깊은 상처를 입거나 죽일 수 있을 만큼, 사람이 연약하다고 생각하는가?

3. 사형제도에 대한 당신의 생각은 무엇인가? 사형도 6계명이 금한 살인일까? (참고로, 우리나라는 현재 제도는 있으나 집행이 되지 않는 사실상의 사형폐지 국가로 분류된다.)

7

간음하지 말라

간음하지 말라 (출 20:14)

7
간음하지 말라

몸이 상하더라도 지켜야 할 계명

"만일 네 오른 눈이 너로 실족하게 하거든 빼어 내버리라."(마 5:29) 성경에 이런 살벌한 구절도 있다. 눈을 빼버리라니. 도대체 무슨 죄, 무슨 잘못이기에 이렇게 험한 말을 쏟을까? 7계명이다. 산상수훈에서 주님이 7계명을 풀이하시면서 "음욕을 품고 여자를 보는 자마다 마음에 이미 간음하였느니라."(마 5:28) 하시고는 바로 이어서 "만일 네 오른 눈이 너로 실족하게 하거든 빼어 내버리라." 눈만이 아니다. "네 오른손이 너로 실족하게 하거든 찍어 내버리라."(30)

너무 과한 말씀 아닌가. 신체발부(身體髮膚)는 수지부모(受

之父母)니 불감훼상(不敢毁傷)이 효지시야(孝之始也)라. 우리의 몸은 터럭 하나, 피부 한 점까지 모두 부모로부터 받은 것이니 훼손하지 않는 것이 효의 시작이라는 유교의 가르침이다. 이게 어찌 유교만의 가르침이랴. 육신의 부모를 넘어 하늘 아버지를 모신 우리가 받아야 할 말씀이기도 하다. 내 몸이라고 내 맘대로 하는 건 결코 신앙인의 자세가 아니다. 그런데 주님은, 7계명을 위해서라면 눈도 빼고 손도 잘라 버리라신다. 이유가 뭘까?

많은 학자들은 과장법으로 이해한다. 일리 있다. 그렇지만 함부로 단정할 수 없다. 우리끼리 과장법이라고 하면 과장법이 되는 게 아니다. 주님은 진심이었을 수도 있지 않을까. 설령 과장법이라고 해도 이토록 거친 언어로 다그치시는 이유가 무엇일까? 바로 여기에 7계명으로 들어가는 문이 있다.

독한 마음이라야 지킬 수 있는 계명

나라를 지키는 것도 어렵지만, 주님 주신 계명도 하나부터 열까지 쉬운 계명이 없다. 그 중에서도 특히 7계명은 정말 독한 마음이 아니면 지키기 어려운 계명이다. 누구라도, 여차하면 넘어갈 수 있다.

7계명의 특징이, 특별한 상황이 없다. 각 계명마다 어떤 상황이란 게 있다. 6계명 살인은 누군가 너무 밉다든지, 저놈이 나한테 무슨 해코지를 했다든지, 그래서 분노가 치밀어 오를 때, 그때 욱하는 순간 그럴 수 있다. 그래봐야 변명이지만, 여하튼 그런 상황이 있다. 8계명 도둑질은 내 지갑이 간당간당할 때, 아기 분유 값이 없어서. 9계명은 곤경에 처했을 때, 정직한 말로는 빠져나가기 어려울 때. 이렇게 계명마다 떠오르는 상황이 있다. 그런데 7계명은 그런 게 없다.

대표적으로 다윗이 밧세바를 범할 때, 도대체 이유를 알수가 없다. 돈도 있고, 명예도 있고, 집에 가면 예쁜 아내도 있다. 장인인 사울 왕의 준수한 외모를 생각할 때 충분히 짐작할 수 있다. 나라도 평안하고, 백성의 존경도 뿌듯하고, 어디 몸이 아픈 것도 아니고, 경제도 융성하고, 게다가 오늘은 날씨도 좋다. 무엇 하나 아쉬운 게 없다. 여호와는 나의 목자시니 아쉬울 것 없어라. 시편 23편이 이때 나온 시인지도 모른다. 그런데 그런 날에도 찾아온 유혹이 있었으니, 그게 바로 7계명이다.

"너 자신으로부터 너를 지키라." 7계명은 어쩌면 이렇게 읽을 수 있다. 혹은 "너 자신을 적으로 간주하고, 너 자신으로부터 너 자신을 지키라." 7계명의 유혹은 외부에 있는 게 아니라 내 안에 있고, 나라는 존재 안에 있다. 누군가와 싸워서 이기는 것이 계명이라면, 7계명의 상대는 험상궂게 생긴 적군이 아니라, 바로 나 자신이다. 급소를 찔러서 적을 제압해야 내가 승리할 수 있다면, 그 급소는 다름 아닌 내 눈과 내 손이다.

"스마트폰이 너를 실족하게 하거든 폴더로 바꿔 버려라."

주님이 우리 시대에 오셨다면, 이렇게 명하셨을지 모른다. 미디어 금식이라는 말이 있다. 고난주간에 어른들은 밥을 굶지만, 젊은 학생들은 스마트폰을 '굶는다.' 한 주 동안 스마트폰 쓰지 않기, 인터넷 열지 않기 운동을 하면서 붙인 이름이 금식이다. 겨우 인터넷 안 하는 걸 갖고 거창하게 금식이라고 불러도 될까? 충분히 가능한 것이, 젊은 사람들한테는 그게 밥을 굶는 것보다 더 어렵다. 스마트폰이 곧 내 눈이고, 인터넷이 내 손이다. 내 삶의 일부요, 심지어 내 몸의 일부가 되었다.

그런데 하필 그게 유혹의 통로가 된다. 메일만 열면, 오빠 한가해요. 낯선 문자를 열어보면 이상한 사진이 나온다. 휴일도 없고, 낮밤도 없이 참 부지런하다. 이런 유혹 앞에 어떻게 나를 지킬 수 있을까? 성경을 읽으면? 새벽기도를 열심히 하면? 말처럼 간단치가 않다. 눈을 어떻게 하라는 주님의 말씀이 왠지 과장법이 아닌 것도 같다. 도박에 중독되면 손목을 잘라도 소용없다는데, 7계명도 정말 독한 마음이 아니면 지킬 수 없다. 그래서 주신 말씀이, 몸이 상하더라도 7계명을 지키라. 과장법으로 피하기보다 독한 마음으로 말씀을 마음에 새겨야겠다.

비교할 수 없이 소중한 나의 거룩함

몸이 상하더라도 7계명을 지키라고 명하시는 이유 하나 더, 몸보다 더 소중한 것이 있기 때문이다. 7계명은 금지 계명 이전에 보호 계명이다. 계명의 문구는 금지 대상인 간음을 거론하지만, 계명의 의미는 간음 거부를 통해 지켜야 할 소중한 무언가를 가리키고 있다. 산상수훈의 풀이로는 내 몸이 상하더라도 지킬만한 값어치가 있는 정말로 소중한 무엇, 그게 뭘까?

우선 나의 거룩함이다. 성경은 우리를 성도라 부른다. 성도의 성(聖)자는 거룩하다는 뜻이다. 우리 자신을 보면 절대 어울리지 않는 이름이지만, 주님이 우리에게 주신 이름이다. 심지어 우리를 거룩한 하나님의 자녀라고 칭하신다. 거룩한 분의 자녀가 어찌 거룩하지 않을 수 있겠는가. 부담스러운 이름이지만, 스스로를 향하여 한 번 되뇌어보자. "나는 거룩하다." 그런데 때로 이 거룩함이 훼손을 당하는 경우가 있는데, 대표적으로 간음이다. 간음은 물리적으로 내 몸에 손상을 가하지는 않지만, 눈에 보이지 않는 거룩함에는 깊은 상처를 남긴다. 7계명은 그 상처로부터 나의 거룩함을 지키라는 계명이다.

여기서 7계명이 의미 있는 녹법을 떠올린다. "정말로 소중한 것이 무엇인지를 분별하고, 그것을 지키라." 언젠가 교회 청년들과 식사를 하는데, 뷔페식당이라 음식이 대단했다. 음식 담은 접시가 테이블에 가득가득 자리가 모자랄 정도였다. 청년들은 참 잘 먹는다. 그런데 여자 청년 하나가 기어코 자기 가방을 그 복잡한 식탁에 올려놓는 것이었다. 음식 올리기도 모자라는 탁자에 가방을 올려놓았다. 그래서 말했다. "아무개 씨,

그 가방 좀 내려놓지. 복잡하잖아." 그랬더니 나를 바라보는 눈초리가 싸늘하다. 내가 무슨 못할 소리를 한 것처럼. 나중에야 알았다. 그게 루이○○이라는 거. 그리고 그 루이○○은 절대 바닥에 내려놓으면 안 된다는 거. 그 청년은 사진 찍을 때도 자기 얼굴보다 그 가방을 앞으로 해서 찍곤 했다. 내가 보기엔 가방보다 그 청년이 훨씬 예쁜데.

각설하고 바보 같은 사람이 있다. 한낱 가방을 사려고 비교할 수 없이 소중한 거룩함을 내어주는 바보 같은 사람. 물론 그 청년과는 아무런 상관도 없는 일이지만, 그런 바보가 더러 있다. 거래의 기본은 낮은 가치를 내주고 높은 가치를 얻는 것이다. 덜 소중한 걸 내주고 더 소중한 걸 얻어야 지혜로운 사람이다. 그런데 그깟 가방 하나를 얻으려고 비교할 수 없이 소중한 나의 거룩함을 내주는 바보들이 없지 않아 더러 있다. 이건 죄 이전에 미련한 계산착오다. "음행을 피하라 사람이 범하는 죄마다 몸 밖에 있거니와 음행하는 자는 자기 몸에 죄를 범하느니라."(고전 6:18) "진짜 소중한 것이 무엇인지를 분별하고, 그것을 지키라." 7계명이 우리에게 임하기를 바란다.

비교할 수 없이 소중한 가정의 행복

이어서, 가정이다. 내 몸이 상하더라도 지켜야 할 소중한 우리

가정. 가정이 얼마나 소중한가. 하나님이 우리에게 주신 최고의 선물 가운데 하나다. 하나님이 천지만물을 창조하실 때, 보시기에 좋았더라, 좋았더라가 연발되지만, 오직 하나 좋지 못한 게 있었다. 사람이 홀로 있는 모습. 온 천하를 아담에게 주었지만, 그의 눈에 행복을 발견할 수 없었다. 이에 하나님은 아담에게 가정을 선물하셨고, 비로소 아담에게 행복이 임하였다. 그런 의미에서 7계명의 또 다른 독법은 "가정을 소중히 지키라." 혹은 "가정이라는 수레에 담긴 참된 행복을 지키라."

이 땅에는 가정을 위협하는 것들이 참 많다. 가난이 가정의 행복을 위협할 수 있다. 행복한 가정을 일구기 위해 적절한 재물이 참 요긴하다. 우리 성도들, 돈 많이 버시기 바란다. 또 질병이 우리 가정을 위협한다. 집안에 아픈 사람 하나 있으면 온 식구의 어깨가 묵직하다. 교통사고도 위험하다. 교통사고 한 건에 속절없이 해체되어 버린 안타까운 가정의 이야기를 들었다. 오늘도 운전 조심하시길.

그런데 전혀 다른 차원으로 우리의 가정을 파탄 내는 재앙이 있으니, 7계명이다. 이건 돈이 축나는 것도, 중한 병에 걸린 것도 아니다. 겉보기엔 사실 별 일 아니다. 어찌 보면 그냥 지나가는 바람이다. 그래서 바람이라고 하나. 그런데 태풍보다 더 거친 상처로 소중한 가정을 할퀸다. 가정이란 게 묘해서, 다른 위협에는 꽤 잘 견딘다. 가난도 견디고, 질병도 이긴다. 가난해서 불행한 게 아니라, 가난해서 행복한 가정도 있다. 그대와 함께라면 고난도 행복이 되는 아름다운 가정의 신비여.

그런데 7계명의 바람 앞에서는 지극히 약한 것이 가정이다. 차로 들이받는 것도 아니고, 가스 배관이 터진 것도 아닌데, 그야말로 풍비박산난다. 내 삶의 듬직한 언덕이던 가정이 물에 젖은 종이마냥 속절없이 무너진다. 이 바람으로부터 가정을 지켜야 한다. 사나이로 태어나서 지켜야 할 것은 나라만이 아니다. 가정도 지켜야 한다. 그런데 이 싸움도 꽤 험할 수 있다. 주님의 예상으로는 몸을 상해야 할 수도 있다. 그러나 그만한 가치가 충분한 싸움이니, 혼신의 힘을 다해 승리하기를 기원한다.

간음에서 회복하라

7계명의 마지막 독법으로 회복을 이야기하고 싶다. "간음에서 회복하라." 엎질러진 물을 다시 주워 담을 수 있을까? 속담의 어조는 불가능하다는 뉘앙스다. 하긴 방바닥에 쏟아진 물을 다시 주워 담기란 물리적으로 불가능해 보인다. 그러나 믿음의 법칙은 속담과 달라서, 엎질러진 물도 정결하게 회복할 수 있다. "너희의 죄가 주홍 같을지라도 눈과 같이 희어질 것이요 진홍 같이 붉을지라도 양털 같이 희게 되리라."(사 1:18) "회개하라, 가정이 회복되리라. 회개하라, 나의 거룩함이 다시 회복되리라." 7계명 속에 이 의미도 분명히 포함되어 있을 것이다.

하나님이 주신 나의 거룩함, 그리고 행복의 울타리인 가정, 이 둘은 결코 포기할 수 없는 우리 인생의 보화들이다. 상처를 입었다고 포기할 수 없다. 치유하고 회복해야 한다. 어찌해야 할까? 회개하라, 그리하면 회복되리라. 회복의 길이 멀리 산속에 있지 않다. 회복의 길은, 우리에겐 너무도 익숙한 단어인 회개에 있다. 그런데 많은 경우 회개보다 은폐를 택한다. 정직하게 회개하기보다 은폐하고 덮어버리려 한다. 목회자의 간음 사건이 벌어지면, 자신은 물론 동료들이 은폐를 도와주기도 한다. 그것도 사랑의 이름으로, 그 사람을 살리겠다는 명분으로. 그런데 그게 정말 그 사람을 살리는 길일까? 나단 선지자가 다윗을 찾아갔을 때 죽이러 갔을까? 결코 그렇지 않다. 살리기 위해 찾아갔다. 간음보다 더 깊은 나락으로 떨어지는 다윗의 영혼을 살리러 찾아갔고, 결국 살려내었다.

  영혼을 살리는 것은 은폐가 아니라 회개다. 쉬운 일은 아니다. 회개를 통한 회복은 참 아프고 힘겨운 길이다. "몸이 상하더라도 지킴을 시키라"는 지침은 간음 이전에도 해당하지만, 간음으로부터의 회복에도 해당된다. 참된 회개는 몸도 상하게 한다. 체면도 상하게 하고, 사회적인 위신도 구겨지게 할 수 있다. 그러나 그렇게 해야 한다. 체면도 지키고 사회적 위신도 중요하지만, 더 소중하게 지켜야 할 것은 우리의 거룩함과 거룩한 가정이 아니겠는가. 몸이 상하더라도 지켜야 할 7계명, 이 거룩한 계명이 이루어지기를 바란다.

생각할 거리들

1. 간음죄는 몸이 상하더라도 지키겠다는 결심이 아니면 지키기 어렵다는 말에 공감하는가?

2. 우리 시대 간음의 유혹이 가장 강한 매체, 장소, 혹은 통로는 무엇일까?

3. 간음의 유혹을 이기는 비결은 무엇일까? 개인적으로 혹은 공동체가 할 수 있는 일은 무엇이 있을까?

8

도둑질하지 말라

도둑질하지 말라 (출 20:15)

8
도둑질하지 말라

기본 중의 기본 - 도둑질하지 말라

산상수훈에 8계명에 대한 풀이가 없다. 마태복음 5장 산상수훈에서 주님은 십계명 후반부를 하나씩 풀어주시는데, 6계명 살인하지 말라에 대해서는, 사람한테 욕설을 하는 것도 살인이라고 풀어주시고(마 5:21-27), 7계명 간음하지 말라는, 마음에 음욕을 품는 것도 간음이라고 풀이하신다(마 5:27-32). 순서상 다음에는 8계명이 나와야 하는데, 건너뛰고 바로 9계명으로 넘어가신다(마 5:33-37). 유독 8계명 도둑질에 대해선 주님이 언급 자체를 안 하시는데, 그 이유가 뭘까?

너무 기본 중의 기본이기 때문 아닐까. 하나님의 백성으로서 남의 돈에 손을 댄다는 게 가당키나 한가 말이다. 물론 다른 계명도 그러하다. 예수 믿는 사람으로서 남의 생명을 해치거나, 불륜을 저지르거나, 잇속 챙기려고 거짓말하는 것은 결코 옳은 처사가 아니다. 그러나 약한 것이 인간인지라, 욱하는 마음에 손이 올라갈 수 있고, 약한 것이 인간인지라 불륜의 유혹에 빠지기도 한다. 약한 것이 인간인지라 궁지에 몰리면 거짓 변명을 입에 담기도 한다. 그렇게 해도 된다는 게 아니라, 우리가 그만큼 약하다는 말이다. 그런데 그럼에도 불구하고 도둑질은 너무하다는 게 주님의 판단이 아니었을까. 이건 논의할 가치도 없을 정도로 기본 중의 기본이라는 뜻이 아닐까.

산상수훈은 제자들에게 주시는 말씀이다. "예수께서 무리를 보시고 산에 올라가 앉으시니 제자들이 나아온지라."(마 5:1) 나아온 무리 속에는 제자라는 거룩한 이름이 어울리지 않는 인사들도 상당수 있었을 것이다. 그럼에도 성경이 "제자들"이 나아왔다고 말하는 것은, 산상수훈은 제자들을 겨냥했다는 의미일 것이다. 듣고 그냥 흘려버릴 비(非)제자 무리에게 주시는 말씀이 아니라, 주님을 따르는 제자들에게 주시는 말씀. 마음은 원이로되 육신은 약하지만, 적어도 마음만은 주님을 믿고 따르겠다는 결심을 품은 제자들에게 주시는 말씀이었다.

그런 상황에서 주님이 도둑질 이야기를 하는 건, 주님이 생각해도 너무 민망하다고 생각하신 듯하다. 그냥 무리도 아니고 제자들인데, 이런 말까지 해야 하나 말이다. "나의 제자들아, 밤에 도시가스 배관을 타고 올라가지 말지니라." "나의 제자들아, 보이스피싱으로 남의 돈을 갈취하지 말지니라." 이런 말을 주고받아야 한다면, 우리의 신앙이 너무 초라하지 않은가. 그래서 주님이 8계명 풀이를 생략하신 듯하다. 그런 의미에서 8계명은 "기본 중의 기본"이라고 명명할 수 있겠다. 말하기도 민망하지만, 도둑질하지 말라.

한걸음 더 나아가 - 도둑질 "당하지" 말라

그런데 정말로 주님이 8계명을 건너뛰셨을까? 사실 그렇지는 않다. 컴퓨터 성경에 "도둑" 혹은 "도둑질"을 쳐보면 산상수훈에 그 단어가 사용된다. 표현이 묘해서, 얼핏 보면 이게 8계명 풀이인지 아닌지 헷갈리지만, 찬찬히 살펴보면 8계명이다. 독자들이 직접 판단해 보기 바란다. "너희를 위하여 보물을 땅에 쌓아 두지 말라 거기는 좀과 동록이 해하며 도둑이 구멍을 뚫고 도둑질하느니라. 오직 너희를 위하여 보물을 하늘에 쌓아 두라 거기는 좀이나 동록이 해하지 못하며 도둑이 구멍을 뚫지도 못하고 도둑질도 못하느니라."(마 6:19-20)

    필자의 눈에는 필시 주님의 8계명 풀이다. 그런데 표현이 묘하다. 도둑질 "하지 말라"가 아니라, 도둑질 "당하지 말라"다. 내용인즉 보물을 땅에 쌓아두지 말고 하늘에 쌓아두라고 하시는데, 이게 무슨 의미일까? 나눔의 삶을 살라는 권면이다. 곡식을 창고에 가득가득 쌓아두지 말고, 현금 다발을 금고와 통장에 가득가득 쌓아두지만 말고, 어려운 이웃들과 나눔의 삶을 살라. 이를 두고 주님은 도둑질당하지 않는 삶, 보물을 하늘에 쌓는 삶이라고 풀이하신다. 뒤집으면, 그렇게 하지 않을 경우 그 인생 자체가 도둑맞을 수 있다는 경고의 말씀이다.

말씀이 좀 어렵다. 알 듯 말 듯 아리송하고, 알아도 받을까 말까 주저된다. 그래서 이 말씀은 모두에게 주시는 말씀이 아니라 제자들에게 주시는 말씀이다. 다른 말로, 한 걸음 더 나아갈 수 있는 사람. 보통 사람은 이 말씀을 받지 않는다. 보통 사람은 어떻게 사느냐? 주님이 누가복음 12장에 보통 사람 하나를 소개하신다. "또 비유로 그들에게 말하여 이르시되 한 부자가 그 밭에 소출이 풍성하매."(눅 12:16) 농사가 굉장히 잘된 모양이다. 그래서 기분이 좋은데, 고민이 있다. "심중에 생각하여 이르되 내가 곡식 쌓아 둘 곳이 없으니 어찌할까 하고."(17) 참 행복한 고민이다. 이 고민을 어떻게 해결하느냐, "또 이르되 내가 이렇게 하리라 내 곳간을 헐고 더 크게 짓고 내 모든 곡식과 물건을 거기 쌓아 두리라."(18)

이 사람을 파렴치한 죄인으로 몰 수 없다. 계명을 어겼다고 비난할 이유도 없다. 그래서인지 주님도 그 사람을 죄인이라고 비난하시지 않는다. 다만 "어리석은 자여 오늘 밤에 네 영혼을 도로 찾으리니 그러면 네 준비한 것이 누구의 것이 되겠느냐

하셨으니."(20) 어리석은 자여. 다른 말로, 이 바보 같은 인생. 혹은 이 도둑맞은 인생. 도둑한테 탈탈 털려서 아무것도 가진 것 없는 헐벗고 가여운 사람이여. "자기를 위하여 재물을 쌓아 두고 하나님께 대하여 부요하지 못한 자가 이와 같으니라."(21)

8계명은 "한 걸음 더 나아가" 지켜야 할 계명이다. 혹은 "한 걸음 더 나아간" 제자들만이 지킬 수 있는 계명이다. 제자들에게, 부자 되라고 주신 계명이다. 도둑질하지 말라고 주신 계명을 넘어, 도둑한테 탈탈 털린 가련한 인생이 되지 말라고 주신 계명이다. 남의 것 손 안 대는 걸로는 부족하다. 그건 기본 중의 기본이고, 한 걸음 더 나아가 내 것을 나눌 수 있을 때 비로소 지킬 수 있는 계명이다. 그렇게 지키는 자들이야말로 진정 부요한 인생이다. 들을 귀 있는 자는 주의 말씀을 들으라.

부자 권사님 이야기

존경하는 권사님이 한 분 계신다. 지금은 하늘에 계신데 참 고운 신앙인이셨다. 글을 쓰면서, 그분이야말로 하늘에 보물을 쌓은 부자였다는 생각이 든다. 필자는 아직 인터넷 뱅킹을 못한다. 그런데 권사님은 연세도 높으면서 당시로선 생소했던 텔레뱅킹을 능숙하게 잘하셨다. 돈 보낼 일이 많았기 때문이다. 고지서는 아니다. 이 사람도 돕고, 저 사람도 돕고. 여기저기 돈을 부치셨다. 일일이 은행에 갈 수 없으니 전화기로 뱅킹하는 방법을 배우셨단다. 정기적으로 돕는 사람도 있고, 갑자기 돕는 사람도 있고. 꾹꾹 버튼을 잘도 누르시던 모습이 떠오른다.

텔레비전에 ARS로 모금하는 프로가 더러 있는데, 권사님은 그냥 지나치는 법이 없으셨다. 일주일 정도 권사님 댁에 신세를 진 일이 있어서 가까이 지켜보았는데, 시간대 별로 줄 꿰고 계신 듯했다. 드라마는 빼먹어도 그 프로만큼은 꼭 챙기셨다. 대신 길게 보지는 않으셨다. 자꾸 보고 있으면 사연 때문에 눈물이 난다고, 얼른 한 통화 누르고는 채널을 돌리셨다. 남편 장로님이 돈을 꽤 잘 버시는 분이셨는데, 큰 재산은 모으지 못하셨다. 집안에 밑 빠진 전화기가 있다는 걸 알고 계셨는지 모르겠다. 8계명을 지킬 때는 권사님처럼.

지하철을 타실 때면, 권사님은 차비라면서 늘 천 원짜리를 챙겨 가셨다. 사실 차비는 필요 없는 것이, 권사님은 경로대상이셨다. 그런데도 챙겨 가신 이유는, 지하철 안에서 도움을 청하는 분들에게 주시기 위해서였다. 남들은 그런 분들을 피하지만, 권사님은 지하철만 타면 두리번두리번 그런 분을 찾으셨다. 권사님은 그걸 '차비'라고 부르셨다. 이 땅에 부자들이 참 많이 있지만, 돌아보니 권사님이 제일인 듯하다. 뉴스에 나오는 부자 서열은 그들만의 잔치인지도 모른다. 하늘 계좌에 권사님은 세상 누구보다 엄청난 거금이 예치되어 있을 것이다. 물론 그것도 누구 나눠주느라 정신이 없으실 테지만. 신학 공부를

하신 일은 없지만, 그 권사님이야말로 8계명의 의미를 누구보다 잘 아신 분이 아닐까 싶다.

하나님의 것을 도둑질하지 말라

사람이 하나님의 것도 도둑질할 수 있을까? 미국 목사님 한 분이 강단에 오르는데, 표정이 무겁다. "우리 교회에 도둑이 들었습니다."(지난 번 살인사건이 났던 교회와는 다른 교회다.) 장내가 조용하다. 성도들이 상기된 얼굴로 서로를 바라보는 사이 목사님의 말씀이 이어진다. "필시 내부자 소행인 듯합니다. CCTV를 확인했는데, 외부 침입 흔적이 전혀 없습니다. 그냥 헌금만 사라졌어요." 누가 하나님께 드린 헌금에 손을 댔을까. 이때 목사님이 성경을 읽어주시는데, 말라기 3장 8절이다. "사람이 어찌 하나님의 것을 도둑질하겠느냐. 그러나 너희는 나의 것을 도둑질하고도 말하기를 '우리가 어떻게 주의 것을 도둑질하였나이까?' 하는도다. 이는 곧 십일조와 봉헌물이라." (말 3:8)

십일조를 하지 않는 걸 도둑질이라고 할 수 있을까? 남의 십일조를 헌금통에서 빼간 것도 아니고 그저 사정상 십일조를 안했을 뿐인데, 그걸 두고 도둑질이라니 너무 과한 말이 아닌가. 그런 면이 있지만, 여기에 대해서 우리는 가타부타 말할 권한이 없다. 성경이 분명히 말하기를, "사람이 어찌 하나님의 것을 도둑질하겠느냐? 이는 곧 십일조와 봉헌물이라." 이어지는 9-10절은 더 분명한 어조로 말한다. "너희 곧 온 나라가 나의 것을 도둑질하였으므로 너희가 저주를 받았느니라. 만군의 여호와가 이르노라. 너희의 온전한 십일조를 창고에 들여 나의 집에 양식이 있게 하고 그것으로 나를 시험하여 내가 하늘 문을 열고 너희에게 복을 쌓을 곳이 없도록 붓지 아니하나 보라."

모두가 받을 수 있는 말씀은 아니다. 제자들에게 주시는 말씀이다. 그래서 8계명은 "한 걸음 더 나아가 지켜야 할 계명"이다. 주님을 향하여 믿음으로 한 걸음 나아간 사람, 그래서 나의 주님을 모신 제자들만이 제대로 지킬 수 있는 계명이 8계명이다. 주님을 믿는 제자들에게 고하노니, 하나님의 것을 도둑질하지 말라. 아멘.

나의 하나님을 도둑맞지 말라

십일조는 헌금이 아니라 신앙고백이다. 십일조에 대한 필자의 소신을 말하라면, 십일조는 돈이 아니라 하나님을 향한 고백이다. "주는 그리스도시요 살아계신 하나님의 아들이시니이다." 예수님을 나의 구원자로 모시는 구원의 고백이다. 이 고백의 증표로 우리는 세례를 받았고, 그것이 우리의 구원을 확증하였다. 그런데 이 고백 이전에 더 근본적인 고백이 있으니, 창조의 고백이다. "하나님은 나의 창조주시니이다." 베드로의 고백과 함께 이것이 우리 모두의 고백이다. "나는 전능하신 아버지 하나님, 천지의 창조주를 믿습니다." 그런데 이 고백의 증표가 뭘까? 필자가 믿기로, 십일조다.

수입의 1/10이 얼마나 큰돈인가. 아파트 중도금에, 공과비, 아이들 학원비까지, 한 푼이 아쉬운 판에 수입의 십분의 일을 떼어다 바치다니, 내막을 모르는 바깥사람들이 교회를 욕하는 것도 조금은 이해가 된다. 그래서 아무한테나 요구하거나 기대할 수는 없다. 오직 이 고백이 있는 사람만이 할 수 있다. "주님은 나의 창조주이십니다. 내가 가진 모든 것, 심지어 나 자신조차도 주님께로부터 나온 주님의 것입니다." 십일조는 내 것의 1/10을 하나님께 드리는 게 아니다. 오히려 하나님의 것 9/10를 내가 받는 과정이다. 왜냐하면, 모든 것이 그분께로부터 나온 그분의 것이기 때문이다. "모든 것이 주께로부터 왔으니 이 예물을 주께 드리나이다."(찬송가 634장)

나의 하나님을 도둑맞지 말라! 십일조와 8계명이 만날 때, 특히 산상수훈의 8계명 풀이와 십일조가 만날 때, 바로 이 문구가 나온다. 나의 창조주 하나님을 도둑맞지 말라! 베드로의 익투스(마 16:16) 고백을 통해 나의 구원자 예수님을 지키듯이, 십일조를 통해 나의 창조주 하나님을 지킨다. 그래서 가끔은 손 떨리기도 하지만 믿음으로 십일조를 실천하리라 다짐한다.

생각할 거리들

1 나누지 못하고, 오직 혼자 움켜쥐는 삶을 일컬어 도둑맞은 인생이라고 부르는 데 동의하는가? 공감하는가? 내 삶은 어떠한가?

2 십일조를 드리지 않는 것을 일컬어 말라기 선지자는 도둑질이라고 하였다. 이 구절을 우리 시대에도 그대로 적용할 수 있을까?

3 사람과 나눔, 그리고 하나님께 드림으로 사람과 하나님 앞에 정말로 부요한 삶을 살고 있는 사람을 알고 있는가?

9

네 이웃에 대하여
거짓 증거하지 말라

네 이웃에 대하여
거짓 증거하지 말라 (출 20:16)

9
네 이웃에 대하여 거짓 증거하지 말라

김태희가 예뻐, 내가 예뻐?

아내들이 남편들에게, 혹은 여자 친구가 남자 친구에게 물어보는 말이다. "김태희가 예뻐, 내가 예뻐?" 이때 주저하는 기색이나 잠시라도 생각하는 듯을 보이면 안 된다. 지체 없이 반사적으로 "당연히 우리 자기가 훨씬 예쁘지. 자기한테 비하면 김태희는 명함도 못 내밀지." 남자들이 참 고생이 많다. 그런데 그 고생하는 사람 앞에다 대고, 네 이웃에 대하여 거짓 증거하지 말라? 이러면 참 당황스럽다.

그런데 9계명이 그런 의미는 아니다. 기본적으로 9계명은 재판정을 염두에 두고 있고, 초점은 상대를 모함하지 말라는 것이다. 상대를 곤경에 빠트리기 위해 거짓말을 하거나, 혹은 내가 빠져나갈 요량으로 거짓 진술을 하지 말라는 계명이지, 정직하답시고 눈치 없는 말로 평지풍파를 일으키라는 뜻은 아니다. 그런 의미에서 많은 성경역본들은 "네 이웃에 대하여" 대신 "네 이웃에게 불리한"(against your neighbor)으로 풀어서 번역한다. 네 이웃에게 불리한 거짓말 혹은 네 이웃을 해치는 거짓말을 하지 말라는 계명이다. 9계명이 우리의 삶 속에 정갈하게 이루어지기를 소망한다.

모든 계명이 그렇지만, 특히 9계명은 우리 삶에 매우 가까이 은근하게 자리하고 있다. 대놓고 재판정에서 위증을 하는 경우는 없지만(성도로서 그럴 수는 없지 않은가), 일상 중에 가벼운 듯 은근한 거짓이 무심결에 튀어나올 때가 있다. 본능적으로 나를 방어하기 위해, 마치 버릇처럼 말이다. 우리 곁을 서성이는 은근한 거짓들은 어떤 것이 있을까?

핑계하지 말라

우선은 핑계다. 핑계 없는 무덤이 없다고 했던가, 핑계 없는 죄인도 드물다. 옛날 어떤 임금님이 감옥 시찰을 나가셨단다. 한 죄수에게 묻기를 "자네는 어쩌다 여기 들어오게 되었는고?" 돌아오는 대답이 "예, 친구의 꼬임에 넘어가는 바람에 이렇게 되었습니다." 다른 죄수에게 물으니 "부모를 잘못 만나, 배운 게 없으니 도둑질밖에 할 일이 없었습니다." 폭행죄로 들어온 한 죄수는 자기는 오히려 층간소음의 피해자라며 억울함을 호소하기도 했다. 그런데 특이한 죄수가 하나 있었는데 대답하기를 "예, 제가 파렴치한 죄를 지어서 지금 벌을 받고 있는 중입니다." 그 말을 들은 임금님이 잠시 생각하시더니, 호통을 치셨다고 한다. "네 이놈, 여기서 썩 나가지 못할까. 여기는 다들 억울한 사람들이 모여 있는 곳인데, 너 같은 파렴치한 놈이 섞여 있어서야 되겠느냐. 썩 나가거라, 이놈!" 했다는 이야기.

감옥에서만 일어나는 일은 아니다. 핑계는 사람 사는 곳이면 어김없이 들리는 일종의 보편 언어가 되고 있다. 북한군에 철책이 뚫려도 안개 때문이었다는 군 발표에서도 들리고, 우리 병원이 뚫린 게 아니라 대한민국이 뚫린 거라던 의사의 항변에서도 들린다. 저 집사 때문에 내가 목회를 못해, 하는 목사의 입에서도 들린다. 누가 가르쳐 줬는지 애들도 잘한다. "너 때문이야." "아니, 너 때문이잖아." 핑계하는 법을 가르치는 학원이 있는 것도 아닌데, 참 잘한다. 하긴 부모들한테 배운 게 아니겠는가. "우리 아이는요, 정말 순진하거든요. 누구한테 심한 말도 못하는 아이예요. 그런데 나쁜 친구를 만나서 이렇게 된 거예요."

핑계의 역사는 길고도 깊어서, 태초의 인간에까지 거슬러 올라간다. "저 여자 때문입니다." 아담이 하나님의 명령을 어기고 선악을 알게 하는 나무의 과실을 따먹었다. 주님이 오셔서 나무라시자 하는 말이 "하나님이 주셔서 나와 함께 있게 하신 여자 그가 그 나무 열매를 내게 주므로 내가 먹었나이다."(창 3:12) 이 말은 참일까, 거짓일까? 문자적으로 틀린 말은 아니다. 정말로 하와를 아담에게 주신 이는 하나님이시고, 선악과를 딴 것도 아담이 아니라 하와가 맞다. 그런데 그렇다고 해서 아담의 말이 진실일까? 결코 그렇지는 않다. 기껏해야 핑계다. 핑계 중에서도 치사한 핑계다. 아무리 급해도 그렇지, 마누라 핑계를 대나. 심지어 은근히 아내를 선물로 주신 하나님 탓도 한다. 대놓고 거짓말하는 것도 악하지만, 사실을 가지고 교묘하게 빠져나가려는 핑계도 못지않게 치사하고 치졸하다.

하나님이 아담에게 기대하신 말은 무엇이었을까? 정직한 인정과 회개일 것이다. "주님, 제가 주님의 명령을 어겼습니다. 용서하여 주십시오." 알다시피 우리 주님은 정직하게 회개하는 자를 용서하시는 자비의 하나님이시다. 무엇보다 그분은 우리의 아버지시다. 용서를 기대하기 어려운 종이라면 핑계하고 둘러대겠지만, 아버지의 용서를 신뢰할 수 있는 자녀는 자기 잘못을 정직하게 인정하고 회개할 줄 안다. 핑계는 스스로의 품위를 해치는 저급한 말이다. 존귀한 하나님의 자녀들에게는 어울리지 않는 말이다. 그런 의미에서 9계명을 이렇게도 읽을 수 있을 것이다. 하나님의 자녀로서 스스로의 품위를 손상시키는 저급한 핑계를 대지 말라.

참된 용서와 덮어버리기를 구분하라

유전무죄 무전유죄. 한 때는 이 말이 고사성어인 줄 알았다. 그런데 알고 보니 탈옥성어였다. 1988년 올림픽의 열기가 한반도를 달굴 무렵, 서울 도심 한복판에서 인질극이 벌어졌다. 지강헌, 억울해서 탈옥했단다. 자기보다 훨씬 큰 죄를 지은 사람도 돈이 있으니 무죄를 받고, 돈이 없으면 작은 죄도 10년 20년 형을 받더란다. 그게 억울해서 탈옥을 했단다. 그가 유언처럼 남긴 말이 유전무죄 무전유죄다. 바라기는, 그의 항변이 사실과 다르기를 바란다. 그저 핑계하기 좋아하는 탈옥수의 그럴싸한 자기변명이기를 바란다. 그런데 꼭 그렇지만은 않은 것 같아서 마음이 무겁다.

목사무죄 집사유죄. 혹 누군가 이런 말을 쓰면 어쩌나 겁이 날 때가 있었다. 그런데 겁을 내야 할 것은 그런 말의 유통이 아니라, 그런 현실이다. 예수님을 믿어도, 목사가 되어도 여전히 연약한 죄인이라는 당연한 사실을 우리는 다양한 사건을 통해서 확인한다. 필자는 스스로의 모습을 보면서 진작 알고 있었다. 안타까운 일이지만, 그리 놀랄 일은 아니다. "오호라 나는 곤고한 사람이로다."(롬 7:24) 바울도 그랬는데, 하물며 우리들이랴. 그런데 문제는, 목사의 잘못에 대해 간혹 너무 봐주는 게 아닌가, 교회의 유익 혹은 건덕이라는 미명 하에 목사의 잘못을 너무 쉽게 덮어주는 게 아닌가 하는 우려가 들 때가 있다. 목사인 나도 그렇게 느끼는데 성도들의 마음은 더 그렇지 않을까.

물론 들추어내는 게 능사는 아니다. "사랑은 허다한 죄를 덮는다"고 했다(벧전 4:8). 그러나 이건 정직한 회개와 용서를 말하는 것이지, 덮어놓고 덮어버리라는 건 아니다. "아니, 지금 목사를 죽이자는 겁니까? 목사가 목사를 지켜주지 않으면 누가 지켜줍니까?" 어찌 보면 참 고마운 말이다. 나도 언젠가 그런 자리에 서면, 그렇게 나를 두둔하고 지켜주는 동료들이 참 고마울 거 같다. 그런데 그게 정말 그 목사를 지켜주는 일일까? 그게 정말 그 목사를 살리는 길일까? 뒷돈 받은 국회의원의 정치 생명이라면 몰라도, 하나님을 믿는 영혼의 생명이라면 결코 그렇지 않을 것이다. 밧세바를 범한 다윗을 찾아간 나단은 결코 다윗을 죽이러 간 게 아니다. 살리러 갔고, 고통스러운 과정을 거쳤지만, 결국 살려내었다.

영혼을 살리는 길은 덮어놓고 덮어주기가 아니라, 진정한 회개로 이끄는 것이다. 영혼에 대한 진정한 돌봄과 사랑은, 주님 앞에 진실하게 회개하도록 돕는 것이다. 바로 그런 의미에서 주께서 명하시기를, "네 이웃을 해치는 거짓 증거하지 말라." 그 목사의 영혼을 해치는 거짓 두둔을 하지 말라. 그 성도의 영혼을 해치는 거짓 감싸기를 하지 말라. 진짜 사랑한다면 정직한 회개로 주님 앞에 그리고 교회 앞에 회복되도록 도와야 할 것이다. 회개로 인도하는 과정에 지혜가 필요하고, 프라이버시에 대한 보호도 필요하다(마 18:15-17). 세심하게 살펴서 불필요한 가십(gossip)이나 상처를 예방하는 조처도 필요하다. 그러나 가야 할 길이다. 회개하는 당사자에게는 부끄럽고 고통스러운 길일 수도 있다. 그러나 가야 할 길이다. 그 길을 따뜻한 마음으로 함께 걸어줄 수 있는 공동체야말로 진정한 교회일 것이다.

신중하게 기도하라

지금 생각해도 민망한 추억이 있다. "주님, 이번에 합격만 시켜주신다면 일생을 주님께 바치겠습니다." 학력고사를 마치고, 아니 망치고, 집으로 돌아오는 새마을호 안에서 수백 번 아뢰었던 기도다. 큰 꿈을 품고 서울로 갔는데, 많은 분들의 기대가 있었는데, 나 역시도 기대했는데, 악몽처럼 망쳐버렸다. 서울에서 동대구역까지 근 네 시간을 어머니와 나는 한 마디 대화도 없었다. 무거운 침묵 속에 창밖만 바라보았다. 그때 지푸라기라도 잡는 심정으로, 한 번도 해보지 않은 서원기도를 했다. "하나님, 이번에만 합격시켜주신다면, 제 일생을 주님께 바치겠습니다. 도와주십시오." 정말 간절히 기도했다. 일생을 바친다는 게 구체적으로 무슨 의미였는지도 희미하다. 목사가 되겠다는 뜻이었는지도 모른다. 여하튼 간절히 기도했다.

　그런데 한 달 후 결과가 나오는데, 그만 덜컥! 기도가 응답이 되고 말았다. 정말 덜컥이었다. 너무나 기쁘면서도, 마음 한

구석이 묵직해왔다. 이 일을 어쩐다? 그 기도를 어찌 할꼬? 세월이 약이라고 잊히겠지 했는데, 쉽게 가시질 않고 늘 마음에 걸렸다. 어느 날 신뢰하는 선배한테 조심스레 털어놓았더니, 특이한 해결책을 일러주었다. 소위 '취소기도'였다. 저녁에 조용히 교회에 가서 기도하라는 거였다. "주님, 그날은 제가 너무 정신이 없었습니다. 너무 다급한 나머지, 경솔하게 서원한 것이니 용서해 주십시오. 죄송하지만 취소합니다." 하라고 시키는 선배나, 또 시킨다고 하는 후배나. 그때만 해도 참 순박했던 것 같다.

"또 옛 사람에게 말한바 헛맹세를 하지 말고 네 맹세한 것을 주께 지키라 하였다는 것을 너희가 들었으나 나는 너희에게 이르노니 도무지 맹세하지 말지니."(마 5:33-34) 산상수훈에서 주님은 맹세를 금하시는데, 필자의 짐작으로는 9계명에 대한 풀이로 보인다. 거짓 증언이 악한 것은 거짓 자체 때문이기도 하지만, 거짓을 말하지 않겠다는 맹세를 어긴 것이기 때문에 더 나쁘다. 더욱이 하나님의 이름으로 맹세했다면, 하나님의 이름을 망령되게 일컫지 말라는 3계명을 어기는 일이 될 것이다. 판사 앞에서도 그렇지만, 하나님 앞에서 맹세한 일이라면 더욱 그러할 것이다. 그런데 기도는 하나님 앞에 올려드리는 말이 아닌가. 한 마디 한 마디에 우리의 마음중심을 담아야 할 것이다. 우리의 연약함을 감안할 때, 애초에 맹세하지 않는 게 상책일지 모른다. 그래서 주님이 맹세를 금하신 모양이다. 다시는 서원기도는 하지 않을 거 같다. 그런데 결국 목사가 되었으니….

기도에 대한 약속에도 신중할 필요가 있다. 우리는 자주 서로에게 "기도하겠습니다."라고 말한다. 진심으로 하는 말이지만, 없지 않아 인사치레로 하는 경우도 있는 듯하다. "마음에 없는 말은 아예 하지 마라. … '기도해 주겠다'고 말하고는 기도하지 않거나, 마음에도 없으면서 '하나님이 함께 하시기를 빈다'고 하며 경건한 말로 연막을 치면, 상황이 더 악화될 뿐이다."(유진 피터슨의 《메시지》 성경, 마 5:33-37) 사람끼리의 약속이라도 기도에 관한 약속이라면 하나님 앞에서의 약속이라고 볼 수 있다. 다른 약속도 그렇지만, 기도 약속은 꼭 지키는 것이 믿는 사람의 도리일 것이다.

뱀 같이 지혜롭고 비둘기 같이 순결하라

제자들을 세상으로 보내시면서 주님이 당부하신 말씀이다. "뱀 같이 지혜롭고 비둘기 같이 순결하라."(마 10:16) 우리의 온 삶을 염두에 둔 말씀이겠지만, 특히 우리의 말에 관한 당부로 보인다. 뱀 같이 지혜롭게 말하고, 또한 비둘기 같이 순결하게 말하라. 사람 앞에서도 그리하고, 하나님 앞에서 기도할 때도 그리하라. 제9계명이 우리에게 기대하는 것이 바로 그 마음 태도가 아니겠는가.

9 네 이웃에 대하여 거짓 증거하지 말라

생각할 거리들

1. '하얀 거짓말' 혹은 '선의의 거짓말'에 대한 당신의 생각은 무엇인가?

2. "기도하겠습니다."라고 말해놓고 기도하지 않는 것과, 혹시 기도 약속을 못 지킬까봐 아예 "기도하겠습니다."라는 말을 하지 않는 것 중 어느 쪽이 지혜로울까, 혹은 바람직할까?

3. 덮어주기보다 회개로 인도하는 것이 진정 그 사람을 살리는 길임을 믿는가? 그런데 현실은 덮어주기나 회개로 인도하기보다, 그저 무관심하기가 흔하다. 이유는 무엇일까?

10

네 이웃의 집을
탐내지 말라

네 이웃의 집을 탐내지 말라
네 이웃의 아내나 그의 남종이나 그의 여종이나
그의 소나 그의 나귀나 무릇 네 이웃의 소유를 탐내지 말라 (출 20:17)

10
네 이웃의 집을 탐내지 말라

행복을 위해 주신 계명

"우리 딸, 행복해야 돼." 집을 나서면서 딸아이에게 늘 하는 말이다. 진심이다. 공부도 잘하면 좋겠고, 예쁘게 자라는 것도 좋고, 이것저것 아이들을 향한 소망이 많지만, 아이들을 향한 제일 깊은 나의 진심은 아이들의 행복이다. 아이들이 정말로 행복했으면 좋겠다, 진심으로. 부족한 사람이지만, 필자도 아비이기 때문이다. 아비의 바람은 무엇보다 아이들의 행복이 아닌가. 살아생전 내 아버지도 나를 향해 그러셨던 것 같다. 그리 살가운 분은 아니셨지만, 내가 행복할 때 그분도 행복해 하셨다.

십계명의 끝자락에서 아버지의 음성을 듣는다. "나의 자녀들, 행복해야 돼!" 10계명은 행복으로의 초대장이다. 하나님이 우리에게 탐내지 말라고 명하시는 이유가 뭘까? 하나님이 거룩하시듯 우리도 거룩하라고? 당연히 그런 의미도 있겠지만, 더 따뜻하고 근본된 이유가 있으니, 우리의 행복이다. 탐심은 우리 인생의 행복 앞에 밑 빠진 독과 같다. 밑 빠진 독이 도무지 채워질 수 없듯이, 탐내는 마음에는 결코 행복이 임할 수 없다.

"지구는 우리의 필요를 채우기에 충분하다. 그런데 우리의 욕심은 도무지 채울 수가 없다."(간디) 우리의 필요를 채우는 데는 지구 하나로 충분하다. 70억 인구가 충분히 먹고 마시고, 충분히 행복을 누릴 수 있는 좋은 지구를 주신 하나님께 감사한다. 그런데 상대가 우리의 욕심 혹은 탐심이라면, 지구로서도 역부족이다. 심지어 온 우주를 동원해도 한 사람의 욕심조차 채우지 못할지도 모른다. 그 비밀을 잘 아시기에 우리의 아버지께서 우리의 행복을 기원하며 엄히 명하시기를, 탐내지 말라. 10계명을 보다 구체적인 언어로, 적용적으로 풀면 어떻게 읽을 수 있을까?

만족하라

우선은, 만족하라. "탐내지 말고 만족하라. 그러면 행복하리라." 그런데 세상의 가르침은 이와 달라서, 행복의 열쇠가 가짐

(소유)에 있다고 광고한다. "탐욕을 채우라. 그러면 행복할 것이다." 혹은 "세일할 때 싼값으로 원하는 것 이상으로 더 가져라. 그러면 더 행복할 것이다." 진실은 무엇일까? 더 가져야 행복할까, 아니면 탐내지 말고 만족해야 행복할까?

 소유와 행복 사이에 모종의 연결이 있음은 분명하다. 무언가를 가질 때 우리는 행복을 느낀다. 새 구두, 새 옷, 그리고 개인적으로 새 노트북을 샀을 때 참 행복했다. 늘 중고를 썼었는데, 지난해 큰 맘 먹고 새 걸로 하나 샀다. 두께도 얇은데다 단추를 누르면 단 7초 만에 부팅이 되는 놀라운 물건이다. 얼마나 행복하던지. 경험에 비추어 "가져라. 그러면 행복할 것이다."라는 말이 분명히 진실을 터치한다. 그러나 "더 많이 가질수록 더 행복하다" 혹은 "가지지 못하면 불행하다"라고 한다면? 그건 진실의 경계를 넘어선다. 소유가 우리의 행복에 한 자리를 차지하는 건 분명하지만, 둘 사이의 연결은 그리 절대적이지 않다. 나보다 수천 배 많이 가진 분의 얼굴이 꼭 수천 배 행복해 보이지는 않는다.

 우리 행복의 보다 근본적인 변수는 소유가 아니라, 만족하는 마음이다. 그래서 주신 명령이, 탐내지 말고 만족하라. 하나님의 바람은 우리가 부자가 되는 것보다, 우리의 행복이다. 하나님은 우리가 더 많이 가져서 더 큰 부자가 되는 게 아니라, 우리가 행복하기를 바라신다. 만일 우리의 행복이 돈에 있다면, 필시 하나님은 우리에게 돈 버는 기술을 가르치셨을 것이다. 우리의 행복이 성적에 있다면, 하나님은 우리를 밤새 학원 가로 떠미셨을 것이다. 그런데 성경 어디를 봐도 돈 버는 방법이나 공부 잘하는 법은 나오지 않는다. 그저 엄중히 명하시기를, 탐내지 말고 만족하라. 우리의 행복은 돈이나 성적보다, 만족하는 마음에 있기 때문이다.

만족이 안 되는 걸 어떡해, 하고 항변하는 이들도 있을 것이다. 설령 그게 욕심이라 하더라도 원하는 것이 채워져야 만족이 되는 거지, 무턱대고 만족하라고 윽박지른다고 만족이 되냐고, 항변할 수 있다. 일리 있는 말이다. 그런데 성경이 생각하는 만족은 피동적인 느낌이 아니라, 능동적인 결단이다. 지갑 두께에 따라 피동적으로 부풀어 오르는 만족"감"이 아니라, 상황을 거슬러 어려움 중에도 나는 만족하겠다는 의지적인 "결단"이다. 이 비밀을 체득한 바울의 고백. "어떠한 형편에든지 나는 자족하기를 배웠노니."(빌 4:11)

심지어 만족은 능력이다. "내게 능력 주시는 자 안에서 내가 모든 것을 할 수 있느니라."(빌 4:13) 성경에서 자주 오해 받는 구절인데, 바울이 말하는 능력은 무언가를 가지는 능력이 아니다. 은행 잔고나 성적 등, 내가 처한 상황을 바꾸는 능력이 아니라, 어떠한 상황에서든 만족할 줄 아는 능력이다. 언필칭 "처할 줄 아는 능력"이다. "나는 비천에 처할 줄도 알고 풍부에 처할 줄도 알아 모든 일 곧 배부름과 배고픔과 풍부와 궁핍에도 처할 줄 아는 일체의 비결을 배웠노라."(빌 4:12)

세상은 "부자=능력자, 가난한 자=무능력한 자" 공식을 은 연중에 유포한다. 연봉이 사람의 능력이라고 착각한다. 그러나 성경은 말하길, 아무리 많이 가져도 만족할 줄 모른다면 무능한 자다. 비록 넉넉하지 않아도 처한 상황에 만족하며 하루하루 열심히 살아간다면, 은행 잔고와 상관없이 성경은 능력자로 인정한다. 그런 차원에서 하나님은 우리 모두가 능력자가 되기를 바라신다. 부요하건 가난하건, 삶이 평탄하건 조금 거칠건, 내가 처한 자리에서 만족할 줄 아는 진정한 능력이, 내게 능력 주시는 자 안에서 우리에게 풍성하기를 바란다. 그래서 우리 아버지의 바람대로, 우리 모두가 정말로 행복하기를 바란다.

비교하지 말라

둘째, 비교하지 말라. 탐내지 말라 하실 때 단서가 붙어 있다. "네 이웃의 집을" 탐내지 말라. 탐내는 자의 눈은 늘 이웃을 바라본다. 비교한다. 저 집은 참 좋네, 우리 집은 이런데…. 저 집 아이는 공부도 참 잘하네, 우리 애는 이런데…. 비교와 경쟁이 때로 발전을 위한 좋은 에너지로 작용하기도 한다. 그런데 자주 그러하듯 경쟁이 선을 넘으면, 행복을 앗아가는 패착이 된다.

우리 아이들은 몇 년째 세상에서 가장 불행한 아이들이다. 학업능력은 미국 대통령도 부러워할 정도인데, 행복지수는 흔히 말하듯 방글라데시보다 못하다. 이유가 뭘까? 많은 분들이 지적하길, 경쟁 때문이란다. 무엇이 부족해서 불행한 게 아니라, 경쟁이라는 구도가 애초에 우리 아이들에게서 행복을 뺏어간다. 수험생 아이를 통해 요즘 학교의 성적 체계를 알게 되었는데, 안쓰럽고 비정하기까지 하다. 등급별 점수를 매기는데, 좋은 등급을 받기 위해선 두 가지 조건이 필요하다. 우선, 내가 점수를 잘 받아야 하고. 그리고 여기에 더하여, 다른 아이들이 점수를 못 받아야 한단다. 다같이 100점을 받으면 모두 2등급으로 밀리는 시스템이라고 한다. 너의 불행은 곧 나의 행복, 이러니 어찌 애들이 행복할 수 있을까.

그러면 다른 대안이 있느냐? 자리는 제한되어 있고, 이 좁은 땅덩어리에 사람은 많고, 경쟁 시스템 외에 다른 대안이 있느냐, 하면 없다. 어쩌면 경쟁이 가장 효율적인 제도인지 모른다. 경쟁이라는 제도는 이 땅을 사는 한, 결코 피할 수 없는 공기와 같은 운명인지도 모른다. 그래서 성경은 제도를 말하지 않고, 마음을 이야기한다. 제도를 고치려 하지 말고, 마음을 바꾸어 먹으라고 명령한다. 오른손을 들고 다짐하기를, "나는 비교하지 않겠다." 혹은 "나는 네 이웃의 집을 탐내지 않겠다." 그렇게 결단하라는 거다. 그게 제10계명이다.

비교의식은 삶을 황폐케 하는 함정이다. 귀한 사람을 모범으로 삼는 유익이 있고, 부족한 사람의 실수를 타산지석으로 삼는 지혜도 요긴하다. 그런데 이것이 비교의식으로 넘어가는 순간, 우리의 행복은 근본적으로 상처를 입는다. 열등감이 얼마나 많은 사람을 힘들게 하는가. 비교의식은 사역자도 무너뜨린다. 많은 사역자들이 비교의식에서 힘들어 한다. 그래서 주님은 베드로를 격하게 꾸짖으셨다.

"내가 올 때까지 그를 머물게 하고자 할지라도 네게 무슨 상관이냐? 너는 나를 따르라!"(요 21:22) 무슨 잘못을 했기에 이렇게 냉하게 말씀하실까? 베드로가 이른바 비교의식에 사로잡혔다. 주님이 베드로의 앞날을 말씀해 주셨다. 어떻게 사역하다가, 어떠한 죽음을 당할지. 그때 마침 요한이 다가오고 있었는데, 베드로가 묻기를, "주님, 저 요한은 어떻게 될까요?"(요 21:21, 필자 의역) 이때 주님이 대답하시길, "그게 너하고 무슨 상관이야! 내가 요한을 어떻게 사용하든지, 그걸 네가 왜 신경 써! 쓸데없는 소리 말고, 너는 나를 따르기나 해!"(요 21:22, 필자 의역)

서로에게 무관심하라는 말이 아니다. 서로가 어떻게 되든 말든 상관하지 말라는 말씀이 아니다. Be yourself! 비교의식에 사로잡히지 말고, 너 자신의 삶을 살라! 비교하지 말고 너 자신의 사역을 하라는 말이다. 하나님은 우리가 저 사람 같아지기를 바라시지 않는다. 각자에게 주신 은사를 발휘하며 각자의 자리에서 최선의 삶을 살기를 바라신다. 그리고 그 안에서 행복을 누리기를 바라신다. 그래서 주신 명령이, 네 이웃을 탐내지 말라. 네 이웃과 비교하지 말라. 비교의식으로 인한 아픔이 우리에게 사라지기를 바란다. 특히 사랑하는 우리 자녀들이 비교의식의 아픔을 떨쳐버리기를 바란다.

받은 복을 세어보아라

살다보면 참 힘겨울 때가 있다. "세상 모든 풍파 너를 흔들어 약한 마음 낙심하게 될 때"가 있는데, 이럴 때 어떻게 해야 할까? 찬송가 429장이 비책을 소개하기를, "내려주신 주의 복을 세어라 주의 크신 복을 네가 알리라." 종이를 한 장 꺼내어 써보라는 말이다. 주님이 나에게 주신 복이 무엇이 있는지, 1, 2, 3 번호를 매기면서 한 번 써보라. 그러면 새로운 용기가 나오고, 새로운 감사에, 주님 주시는 새로운 힘이 솟을 것이다.

    못난 사람은 언제나 가지지 않은 것에 대한 아쉬움을 되새김질한다. 이미 받은 것에 대해서 감사할 줄은 모르고, 늘 나에게 없는 것을 아쉬워하면서 속을 끓인다. 한 가수는 더 지혜로운 길을 택하기를, "산다는 건 좋은 거지. 수지맞는 장사잖소. 알몸으로 태어나서 옷 한 벌은 건졌잖소." 라디오 가요 속에도 가끔 삶의 진실이 있다. 엄마 뱃속에서 나올 땐 알몸이었는데 지금은 이렇게 옷 한 벌은 걸치고 있으니 내 인생도 남는 장사였다는 노래다. 일리 있는 말이 아닌가. 작사자가 신앙을 알았더라면 필시 이렇게 노래했을 것이다. "내가 모태에서 알몸으로 나왔사온즉 또한 알몸이 그리로 돌아가올지라 주신 이도

여호와시요 거두신 이도 여호와시오니 여호와의 이름이 찬송을 받으실지니이다."(욥 1:21)

제10계명의 마지막 독법은 감사다. 그중에서도 지금 감사. "탐내지 말고 감사하라. 그러면 행복하리라. 더 가지려 하지 말고, 지금 가진 것에 감사하라. 그러면 정말로 행복하리라." 안주하라는 말이 아니다. 게으름을 부추기는 말도 아니다. 감사로 행복하라는 말이다. 지금 감사하지 못하면, 앞으로 아무리 더 가져도 감사할 수 없다. 지금 가진 것에 만족하지 못하면, 앞으로 아무리 더 가져도 만족은 요원하다. 만족과 행복은 피동적 상황이 아니라, 능동적 결단이고 능력이다. 그래서 명하시기를, 탐내지 말고 지금 감사하라.

기도도 그러하다. 우리의 소원을 아뢰는 기도조차 주님은 탐심이 아니라 감사이기를 바라신다. 데살로니가전서 5장 16-18절을 통해 주님은 감사와 기쁨 사이에 샌드위치된 기도를 가르치신다. "쉬지 말고 기도하라" 명하실 때, 앞에는 "항상 기뻐하라"로 이끌고, 뒤는 "범사에 감사하라"로 에워싼다. 없는 것에 대한 원망이나 더 가지고픈 탐심이 아니라, 이미 주신 것에 대한 기쁨과 감사로 기도하라는 말이다. 그 기도야말로 세상에서 가장 뜨겁고 아름다운 기도일 것이다. 탐내지 말고 행복하라. 제10계명, 주님이 선물하신 행복의 계명이 우리 삶에 이루어지기를 비린다.

생각할 거리들

1 사람의 입장에서 십계명의 의미를 정리할 때, 필자는 1-4계명은 우리의 '신분'을 향한 계명이고, 5-9계명은 우리의 '거룩'을 향한 계명이라면, 제10계명은 우리의 '행복'을 향한 계명이라고 생각한다. 공감이 되는가?

2 비교와 경쟁 속에 힘겹게 살아가는 우리 자녀들의 행복을 위해 우리가 할 수 있는 일은 무엇일까?

3 "내게 능력 주시는 자 안에서 내가 모든 것을 할 수 있느니라."(빌 4:13) 이 구절이 말하는 능력의 참 뜻은 무엇일까?

삶에서 은혜 받는 십계명

에필로그

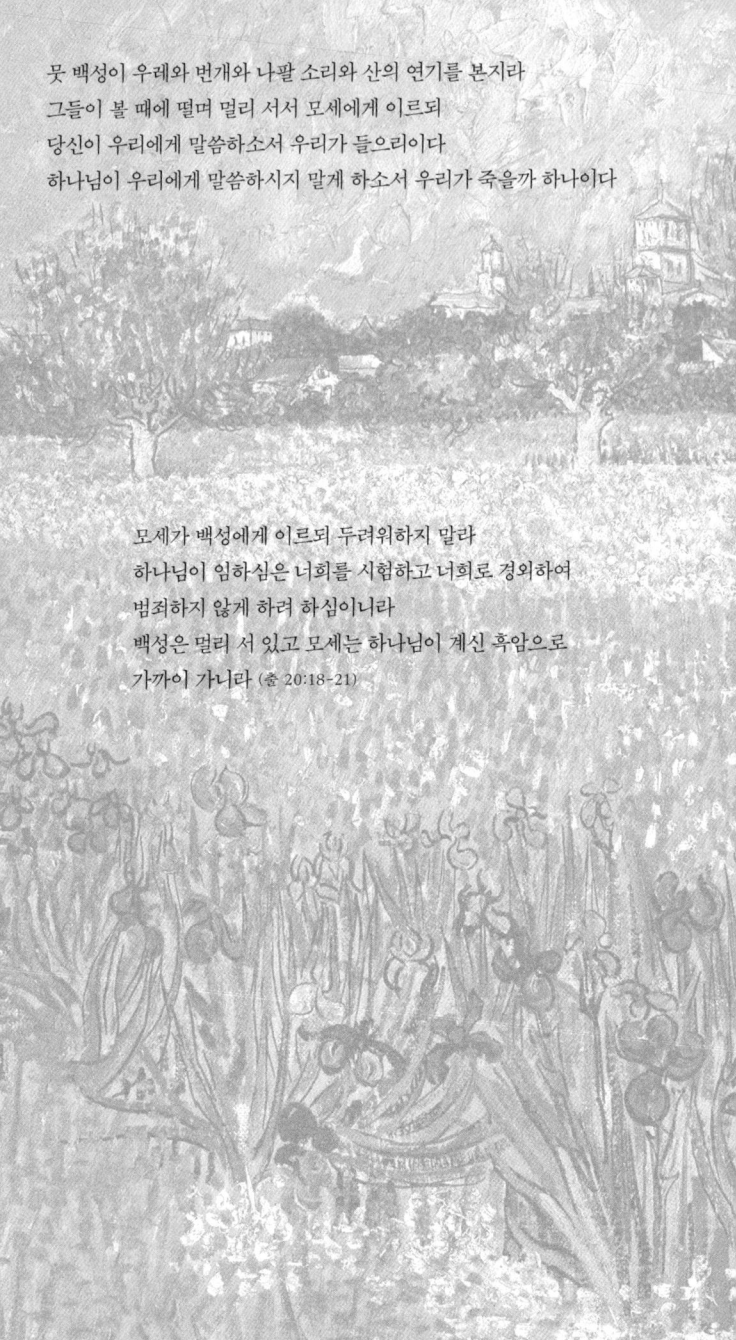

뭇 백성이 우레와 번개와 나팔 소리와 산의 연기를 본지라
그들이 볼 때에 떨며 멀리 서서 모세에게 이르되
당신이 우리에게 말씀하소서 우리가 들으리이다
하나님이 우리에게 말씀하시지 말게 하소서 우리가 죽을까 하나이다

모세가 백성에게 이르되 두려워하지 말라
하나님이 임하심은 너희를 시험하고 너희로 경외하여
범죄하지 않게 하려 하심이니라
백성은 멀리 서 있고 모세는 하나님이 계신 흑암으로
가까이 가니라 (출 20:18-21)

에필로그

우리가 십계명을
가벼이 여기는 이유

(출 20:18-21)

제0계명, 십계명을 가벼이 여기지 말라

책을 마무리하면서, 이 질문을 던지고 싶다. 우리가 십계명을 가벼이 여기는 이유는 무엇인가? 우리 안에 계명을 가벼이 여기는 풍조가 있지 않은가. 꼭 지킬 필요가 있겠어, 하는 마음. 이유가 뭘까? 이신칭의 교리 때문인지도 모른다. 행위가 아니라 은혜로 구원받으니 무리해서 지킬 필요가 없다는 속물적인 생각. 야고보서의 균형이 필요한 건 이 때문일 것이다. 그런데 그보다 더 근본적인 이유를 돌아보고자 한다.

얼마나 두려운 분의 명령인지 몰라서

우선, 십계명을 주신 하나님이 얼마나 두려운 분인지를 잘 모르기 때문이다. 어떤 명령을 가벼이 여긴다는 것은, 그 명령을 내리신 분을 가벼이 여긴 결과로 볼 수 있다. 아무리 작은 목소리로 명령해도, 두려운 분의 명령은 두렵게 여기는 법이다. 우리가 십계명을 가벼이 여기는 것은, 필시 하나님이 얼마나 두려운 분인지를 잘 모르는 게다. 알아도 잘 느끼지 못하는 게다. 그러니 그분이 주신 계명을 가벼이 여기는 것이다. 그런데 알다시피 하나님은 결코 가벼운 분이 아니다. 두렵고도 떨리는 분이다.

십계명의 전후를 하나님은 두려움으로 두르신다. 십계명이 선포된 직후 하나님의 두려움이 선포되기를, "뭇 백성이 우레와 번개와 나팔 소리와 산의 연기를 본지라 그들이 볼 때에 떨며 멀리 서서."(20:18) 하나님의 두려움 앞에 백성들이 떨고 있다. 그런데 동일한 두려움이 십계명 앞에도 소개된다. "시내 산에 연기가 자욱하니 여호와께서 불 가운데서 거기 강림하심이라 그 연기가 옹기 가마 연기 같이 떠오르고 온 산이 크게 진동하며."(19:18) 십계명을 가운데 두고 하나님을 향한 두려움이 앞과 뒤를 둘러싸고 있다. 의도적이라고 판단된다.

하나님은 의도적으로 십계명을 두려움의 상자에 담아 주셨다. 앞에도 두려움, 뒤에도 하나님을 향한 두려움, 그래서 계명을 받는 자들이 두려움 가운데 받기를 의도하셨다. 그런데 언젠가부터 우리는 두려움의 상자는 어디 갖다버리고, 가벼운 마음으로 속에 든 계명만 받고 말았다. "보내는 이"란에 쓰인 두렵고도 떨리는 이름을 잊어버렸다. 우리 안에 하나님을 향한 두려움이 회복되기를 바란다. 그때 비로소 십계명을 향한 두려움도 회복될 것이다.

얼마나 고마운 분의 명령인지 몰라서

십계명을 가벼이 여기는 또 하나의 이유는, 하나님이 얼마나 고마운 분인지를 몰라서일 게다. 하나님의 두려움도 모르지만, 그분의 고마움도 잘 모르기 때문에. 설령 알더라도 그걸 마음 깊이 체감하지 못하기 때문에, 그래서 그분의 말씀을 가벼이 여기는 게 아닐까.

십계명을 담은 상자가 두려움이었다면, 상자를 열었을 때 첫 눈에 들어오는 건 하나님의 은혜다. "나는 너를 애굽 땅 종 되었던 집에서 인도하여 낸 네 하나님 여호와니라."(출 20:2) 무슨 말일까? 눈치 빠른 사람은 안다. 내가 너희에게 큰 은혜를 베풀었느니라. 십계명은 지나가는 과객이 준 말씀이 아니다. 일생의 은인, 나를 종살이에서 해방시켜 주신 일생의 은인이 주신 명령이다. 결코 가벼이 여길 말씀이 아니다.

유학 시절 막 박사 과정에 진학했을 때, 한국에서 섬기던 교회에서 전화가 왔다. 교회에 어려움이 있어서 목회자가 필요한데, 잠시 들어와 줄 수 있겠냐고. 그러겠다고 했다. 서둘러 비행기를 예약해서 6개월 기한으로 한국에 들어왔다. 가족들은 미국에 남겨둔 채 말이다. 같이 공부하던 친구들은 많이들 말렸다. 공부의 흐름이 깨져서 크게 무리가 될 거라고. 그렇지만 나로서는 거절할 수가 없었다. 너무 신세를 많이 진 교회였고, 너무 고마운 분들이었기 때문이다.

그리고 전화를 주신 분이 나로서는 너무 신세를 많이 진 분이었다. 사회적으로 상당히 '지체 높은' 분인데, '한낱' 전도사였던 필자에게 늘 과분하게 따뜻하게 대해주신 분이었다. 그런 분이 '부탁한다'고 했다. 두 번 생각할 것도 없었다. 실제로 공부에 조금 무리가 있었지만, 지금 생각해도 참 잘한 결정이었다고 생각한다. 인간된 도리를 제대로 못한 경우가 너무 많았는데, 그때는 그나마 삶의 염치를 지킨 순간이었다고 회상한다.

"나는 너를 애굽 땅 종 되었던 집에서 인도하여 낸 네 하나님 여호와니라." 이런 분의 말씀을 가벼이 여기는 것은 도리가 아니고 염치가 아니다. 이스라엘 백성이 두려움의 상자와 더불어 이 은혜의 첫 문장마저 까먹은 모양이다. 지금 우리에게 배달된 첫 문장은 그보다 더 묵직하다. "하나님이 우리를 이처럼 사랑하사 독생자를 주셨으니." 하나님을 향한 두려움과 더불어 그분을 향한 진심어린 감사가 회복되기를 바란다. 그때 비로소 그분이 주신 계명을 향한 우리의 자세도 제대로 진중해질 것이다.

얼마나 소중한 명령인지 몰라서

이제는 계명 자체를 돌아보자. 우리가 십계명을 가벼이 여기는 이유가 무엇일까? 십계명 자체가 우리에게 얼마나 소중한 계명인지를 잘 모르기 때문이다. 계명을 주신 분도 잘 모르지만, 계명 자체의 가치와 소중함도 우리가 잘 모른다. 그래서 가벼이 여기는 게 아닐까.

온 나라가 메르스(MERS)로 근심스러운 나날을 보냈었다. 그때 여러 매체를 통해 예방 수칙이 나왔었는데, 손을 자주 씻으라. 기침이 나오면 손수건으로 가리거나 마스크를 하라. 증상이 있으면 출근도 등교도 하지 말고, 가족들과도 접촉하지 말라. 꽤 불편한 수칙이었다. 얼마나 불편했는지, 격리대상인 어떤 분은 멀리 골프를 치러 갔다가 비난을 받기도 했다. 왜 그랬냐고 물으니, 답답해서란다. 집에만 있으니 가슴이 너무 답답해서 바람 쐬러 나왔어요. 온 국민의 가슴을 답답하게 하는 대답이었다.

메르스 예방 수칙을 무어라 부르면 좋을까? 답답한 수칙?

부담스러운 수칙? 일리가 있는 수식이다. 그러나 진실을 말하건대, 소중한 수칙이고, 생명의 수칙이었다. 질병으로부터 나를 지켜주는 울타리였고, 온 나라에 드리웠던 어둠에서 속히 벗어나게 하는 한 줄기 빛과 같은 수칙이었다. 십계명이 그러하다. 십계명은 얼핏 불편하고 부담스럽다. 자유로운 내 영혼을 길들이려 하는 듯하다. 그러나 진실을 알건대, 십계명은 우리를 살리는 생명의 수칙이고, 우리를 어둠으로부터 지켜주는 빛과 같은 수칙이다.

"네가 네 하나님 여호와의 말씀을 삼가 듣고 내가 오늘 네게 명령하는 그의 모든 명령을 지켜 행하면 네 하나님 여호와께서 너를 세계 모든 민족 위에 뛰어나게 하실 것이라."(신 28:1) 계명을 주시면서 주님이 주신 약속이고, 더불어 계명의 준수 뒤에 어떤 길이 마련되어 있는지를 보여주는 창이다. 얼핏 불편해 보이는 십계명 뒤에 이토록 탐스러운 길이 나있었다. 주님이 우리에게 계명을 주신 이유는, 우리를 불편하게 하기 위함이 아니다. 오히려 우리에게 탐스러운 복을 주시기 위함이고, 우리를 아름답고도 행복한 길로 이끄시기 위함이다. 십계명은 세상에서 가장 아름다운 길로 이끄는 하나님의 내비게이션이다.

글을 쓰고는 드는 생각이, 그렇게 좋은 십계명을 너는 왜 열심히 지키지 않느냐? 머리는 아는데, 마음이 아직 잘 모르기 때문이라고 변명해 본다. 머리는 아는데 몸이 모른다고 할까. 내 영혼아, 너는 어찌하여 하나님을 알되, 머리로만 아느냐. 그분의 두려움과 그분의 고마움, 그리고 계명 자체의 소중함을 머리로만 알지 말고 마음으로도 깊이 알게 되기를 바란다. 그러면 이 소중한 계명을 더 열린 마음으로 사랑하게 될 것이다.

설교자가 제대로 보여주지 못해서

마지막으로 한 가지 이유를 더 지목하고 싶다. 우리 시대 교회가 십계명을 가벼이 여기는 이유가 무엇일까? 설교자가 제대로 보여주지 못해서다. 하나님이 얼마나 두려운 분인지를 설교자가 제대로 보여주지 못해서. 하나님이 얼마나 고마운 분인지, 또 십계명 자체가 우리에게 얼마나 소중한 계명인지를 설교자가 성도들에게 제대로 보여주질 못해서, 그래서 성도들이 십계명을 가벼이 여기는 게 아닐까. 성도들에게 진실을 보여줄 일차적인 책임은 설교자에게 있다. 설교자가 하나님의 두려움과 고마움을 있는 그대로 생생하게, 십계명의 소중함을 있는 그대로 초롱초롱하게 보여줬더라면, 지금보다 훨씬 십계명을 소중히 여기지 않았겠는가.

설교자 모세는 그런대로 사명을 잘 감당했다. 십계명 선포 직후 이스라엘 백성이 "모세에게 이르되 당신이 우리에게 말씀하소서. 우리가 들으리이다. 하나님이 우리에게 말씀하시지 말게 하소서. 우리가 죽을까 하나이다."(출 20:19) 애초에 하나님의 복안은 당신께서 직접 백성들에게 십계명을 전달하는 것이었다. 그런데 하나님이 가까이 오심을 백성들이 감당을 못했다. 그분의 두려운 거룩함 앞에 백성들이 감히 서 있지를 못하는 거다. 그래서 백성들 스스로 대안을 제시하기를, 모세가 대신 말씀해 주십시오. 모세가 하나님과 백성 사이에 서서, 하나님의 말씀을 받아서 우리에게 전달해 주시오. 말하자면, 설교자가 되어달라는 요구였다.

모세는 그런대로 설교자의 사명을 잘 감당했다. 하나님의 두려움과 계명의 소중함을 백성들에게 나름 잘 전달했다. 그래서 백성들은 상당히 하나님을 두려워했고, 하나님의 계명을 꽤 두려워하였다. 모세가 나름 잘 전달했으니까. 그런데 현재의 설교자는 모세만큼 그 역할을 잘 감당하지 못한다. 모세가 전한만큼 하나님의 두려움을 잘 전하지 못한다. 모세가 전한만큼 하나님의 은혜와 계명의 소중함을 잘 전달하지 못한다. 그래서 성도들이 하나님의 두려움을 잘 체감하지 못하고, 그래서 그때보다 십계명을 가벼이 여기는 게 아닐까. 필자도 수년간 설교자로 살고 있는데, 돌아보니 그런 것 같아서 성도들에게 송구하다.

그런데 오해마시라, 이 말을 하는 것은 설교자를 비난하기 위함이 아니다. 오히려 성도들에게 닥친 위기 상황을 일러주기 위함이다. 인간 설교자에게는 한계가 있다. 주의 말씀을 받는 데도 한계가 있고, 받은 말씀을 전하는 데도 한계가 있다. 아무리 탁월한 설교자라 하더라도 하나님의 두려움을 있는 그대로 표현할 수 없다. 설령 모세가 다시 온다 해도 상황은 마찬가지다. 아무리 모세라 해도, 인간인 이상 하나님의 거룩하신 두려움을 있는 그대로 전달할 수는 없다. 하물며 현재의 설교자들이랴.

단언컨대, 여러분의 설교자가 전달한 하나님의 두려움보다 실제 하나님은 더 두려운 분이다. 여러분의 설교자가 전달한 하나님의 은혜보다 실제 하나님의 은혜는 더 깊고, 더 넓고, 더 감사하고, 더 풍성한 은혜다. 계명 자체의 아름다움도 마찬가지, 여러분의 설교자가 풀어낸 십계명의 아름다움이 꽤 아름답겠지만, 실제 십계명의 아름다움은 그보다 더 탐스럽고, 더 오묘하고, 더 무릎을 치게 만드는 보석 같은 계명이다. 단언컨대, 지금 우리가 알고 있는 하나님이 그분의 전부가 아니며, 지금 내가 깨달은 십계명의 아름다움이 십계명의 전부가 아니다.

설교자를 위한 기도를 부탁하며

그래서 설교자를 위한 기도를 부탁드린다. 이왕이면 금식도 부탁드린다. 고3 아이를 위해서만 금식하지 말고, 설교자를 위해서도 금식해 주기를 부탁드린다. 그 금식은 설교자를 위한 것만은 아니다. 나를 위한 일이고, 우리 가족을 위한 일이고, 우리 시대 교회를 위한 일이다. 설교자가 하나님을 깊이 만날 수 있도록. 설교자가 하나님의 두려움을 깊이 체험하고, 설교자가 십계명의 오묘함을 깊이 들여다볼 수 있도록, 그래서 성도들에게 잘 전달할 수 있도록. 교회의 부침은 설교단의 부침과 궤를 같이 한다고 했다. 교회의 젖줄은 누가 뭐래도 설교다. 미우나 고우나 설교자의 깨달음이 성도들의 깨달음에 한계를 지운다. 지금도 설교자들을 통해 십계명의 의미를 공급받지 않았는가. 자신을 위해, 설교자들을 위한 기도를 부탁드린다.

생각할 거리들

1. 우리 시대는 정말로 십계명을 가벼이 여기고 있는가? 그렇다면 그렇게 된 가장 큰 이유는 무엇일까?

2. 십계명이 거추장스럽게 여겨질 때가 있는가? 그럼에도 불구하고 십계명이 우리를 생명과 행복으로 인도하는 소중한 계명임을 확신하는가?

3. 성도의 신앙생활과 하나님 나라의 전진에 있어 설교가 차지하는 비중은 어느 정도일까? 설교와 설교자를 위해 내가 할 수 있는 일은 무엇일까?